KB011728

초고속 성장

초고속 성장

초판 1쇄 발행 2022년 6월 30일
초판 2쇄 발행 2022년 7월 26일

지은이 한성곤(곤팀장)
펴낸이 떠오름

기획 손힘찬
편집 권희중, 권기우
디자인 최희종
마케팅 고경표, 김하나, 이민지
영업관리 김태영, 박가람

펴낸곳 **주식회사 떠오름**
출판등록 제2021-000002호(2020년 4월 28일)
주소 서울특별시 서초구 강남대로 479, 비1층 122호
전화 070-4036-4586 **팩스** 02-6305-4923
홈페이지 www.risebooks.co.kr
이메일 tteoreum9@nate.com

값 16,200원
ISBN 979-11-92372-18-1 03320

ⓒ 주식회사 떠오름·한성곤, 2022

* 이 책의 저작권은 지은이와 떠오름에 있습니다.
* 책 내용의 전부 또는 일부를 이용하려면 반드시 저작권자의 서면 동의를 받아야 합니다.
* 잘못 만들어진 책은 구입하신 서점에서 교환해 드립니다.

초고속 성장
한성곤(곤팀장) 지음
한계를 넘어서서
타인을
추월하는 법
RISE

차례

되는 쉬운 일은 아니다. 쉽다고 생각하고 가볍게 시작하는 것과 어려워도 해내겠다는 마음가짐으로 바로 실행하는 것은 말 한마디의 차이지만 결과로 볼 때 커다란 격차를 발생시킨다.

이 책에서 초고속 성장을 할 수 있는 다양한 방법들에 대해 학습하고 월 300만 원, 월 500만 원, 월 1000만 원을 벌어들이는 앞으로의 과정에 적절하게 대입한다면 큰 어려움 없이 성장할 수 있을 것이다. 또한 앞으로 펼쳐질 난관들도 무난히 헤쳐나갈 수 있게 된다.

앞으로 나올 각 챕터의 첫 장에서는 내가 실제로 1년 동안 수익 구간을 하나씩 넘어가며 겪은 경험을 토대로, 만약 당시로 돌아간다면 반드시 주의했을 사항과 아쉬웠던 점을 꼽아 디테일하게 정리했다. 그 누구에게도 알려주지 않은 내용들이다. 미리 알아두기만 해도 점진적으로 수익 구간을 넘는 데 큰 도움이 될 것이라고 확신한다.

이 책에서 설명한 여러 가지 노하우를 자신에게 적용한다면 누구나 초고속 성장을 만들어낼 수 있다. 이 또한 먼저 겪어본 내가 전부 다 자세하게 설명했으니 걱정하지 않아도 된다. 당신도 이 책의 나온 내용들을 하나도 빠짐없이 다 실행해본다면 10년 걸려서 될까 말까 한 일을 1년 안에 이뤄내는 초고속 성장을 할 수 있을 거라 내 모든 걸 걸고 장담하겠다.

Chapter 1

2년 만에
노량진 고시촌에서
포르쉐를 타기까지

지금 이 세상에는 정해진 정답도 규칙도 없다.
사람이 모여있는 어느 곳이든 조금만 눈을 돌려보면
돈을 벌 수 있는 방법이 무수하게 널려 있는 것이다.
그만큼 무한한 가능성이 열려 있는 시기다.
초고속 성장의 열쇠가 바로 여기에 있다.

1
월 1억의 돈을 벌어야 하는 이유

정말 간절하게 성공하고 싶었다.

잘 먹고 잘 사는 걸 떠나서 사람답게 살고 싶었다.

취업에 몇 번이나 실패해 좌절에 빠진 취준생과 몇 년씩 인생을 입시에 쏟아부어 지쳐가는 고시생들로 암울한 기운 가득한 이곳에서 벗어나고 싶었다.

내가 살던 노량진 고시촌 빌라 옥상에 올라가면 가까운 여의도의 높은 건물 중 63빌딩이 보였다. 저 멀리 보이는 초고층 빌딩의 시설 좋은 사무실에서 진취적인 사람들과 함께 긍정적인 분위기 속에서 나의 사업을 해야겠다고 매일 밤낮으로 올라가서 다짐했다.

사람들을 자주 만나다 보면 가끔 돈의 나쁜 속성을 들먹이며 "나는 돈 필요 없어. 행복이 더 중요해"라며 돈을 좇는 사람을 속물 취급하는 부류가 있다. 물론 저마다 돈에 대한 가치관이 다를 수는 있다. 하지만 이들도 살기 위해서 정도의 차이일 뿐 돈이 필요하다. 그러면서도 자기만의 기준도 없이 "많이는 필요가 없다"고 말한다. 가끔 내로남불 같은 행동을 보이기도 한다. 지나가는 람보르기니를 보고 무의식 중에 "저 차를 타고 달리면 얼마나 좋을까?"라고 혼잣말을 하거나, 일확천금을 노리고 로또를 사서 1등이 당첨되면 뭐부터 할지를 고민하기도 한다. 만약 수중에 10억이 들어온다면 누구보다 기뻐할 것이다. 경제적 자유를 이루고 평일에 여행을 다니는 상상을 하며 그 순간 행복해하는 자신의 모습과 그러지 못하는 현실의 자신을 비교하며, 이 시궁창 같은 삶 속에서 벗어나고 싶다는 말을 내뱉는 사람이 수두룩하다.

하지만 자신의 현실을 바꾸지 못하는 건 자신의 책임이다. 자신에게 솔직해지는 사람만이 성장할 수 있다. 이번 장에서만큼은 돈이라는 요소에 솔직해져 보자.

과거의 억눌린 삶에서 벗어나기

자본주의 사회에서는 모든 게 돈으로 돌아간다. 대학교는 학생들의 등록금으로 운영되는 집단이기에, 학생 본인이 충분히 이성적 사고를 할 수 있는 성인임에도 자퇴를 하고 싶다면 실질적으로 등록금을 내는 부모님의 서명을 받아야만 가능하다. 사회에서는 한 기업에 오랫동안 소속되어 별다른 이슈 없이 세금을 따박따박 내기를 원한다. 이를 위해 최대한 빚을 내서 집과 차를 사는 문화를 은연중에 주입시킨다. 대출금을 갚기 위해 점점 회사의 톱니바퀴가 되어가는 구조를 만들기 위함이다. 실제로 사업가보다 4대보험을 받는 직장인에게 대출이 잘 나오는 편이다. 은행 입장에선 직장인도 분명 갑작스러운 회사 부도나 건강 문제로 일을 못 하게 되는 등의 통제 불가능한 위험도 분명 있을 텐데, 이런 사항을 무시하면서까지 직장인의 안정성을 크게 평가하는 건 무언가 이상한 게 아닐까.

돈을 벌어야 하는 이유는 현재가 아닌 과거와 미래를 보면 알 수 있다. 로버트 기요사키의 저서 《부자들의 음모》라는 책에서는 이런 구절이 나온다.

"우리 교육 시스템은 아이들 스스로 생각하는 법을 가르치기 위한 것이 아니다. 아이들을 명령에 복종하게끔 만들고, 시키는 대로 행동하게끔 가르치는 것이 진짜 목적이다. 고분고분하고 순종적인 학생들은 장차 부자를 위해 평생 일하는 것에 만족하는 피고용자가 될 것이다."

나는 대학교에 가면 인생이 순탄하게 풀릴 줄 알았다. 학창 시절에는 좋은 직장에서 일하기 위해 사회에 조종되어 왔다는 걸 모른 채 입시에 모든 시간과 에너지를 갈아넣었다. 고3 때는 언·수·외·탐 외에도 논술까지 한 달에 12개의 학원을 다녔다.

미성년자일 때는 입시가 내 자유를 막았다면, 성인이 되고 나서는 졸업·취업·결혼 테크트리를 따라야 한다는 암묵적인 사회 분위기가 또다시 나를 억압하려 했다. 내가 진정으로 원하는 게 무엇인지 찾아가는 것도 철모르는 사람의 낭만 정도로 치부되는 분위기였다.

지금까지 살아온 인생 전반에 자유를 억압받으니, 자연스럽게 내가 추구하게 된 1순위의 가치는 자유가 되었다. 지금 우리가 하는 모든 행동은 유년 시절의 경험에서 비롯된다. 모든 현상에는 원인이 있다. 현재의 내 모습을 만든 건 과거의 경험이다. 나처럼 과거의 경험을 되짚어보면 돈을 벌고 싶은 이유를 쉽게 찾을 수 있다.

싫은 것은 하지 않을 자유

과거로부터 동기가 생기고, 미래로부터 희망이 나온다.

과거를 통해 내가 추구하는 1순위는 자유였다. 미래에 내가 원하는 자유로운 삶의 모습을 상상했다. 그러자 더 빠르게 성장해야겠다는 마음이 굳어졌다. 스스로의 과거를 돌아보고 미래를 그려보는 것은 내가 왜 돈을 벌고 싶은지에 대한 이유를 깨닫게 해준다. 이런 과정은 아무 생각 없이 돈만 많이 벌고 싶다고 외치는 경쟁자들과 비교가 안 될 정도의 큰 동기부여를 만들어준다.

실제로 자유를 얻어가는 과정 중에서 싫은 것을 하지 않을 자유를 얻었다. 나는 도로에서 버리는 왕복 4시간의 출퇴근이 싫었다.

일 때문에 내가 하고 싶은 걸 계속해서 미루는 것도 싫었다. CS에 매달려 하루에 몇 시간이나 고객 전화를 붙잡고 있는 것도 싫었다. 직원들의 눈치를 보며 사무실에 얽매여 있는 것도 싫었다.

내가 생각하는 자유가 어떤 삶일지를 소비와 함께 상상해봤다. 서울에 자가로 된 집이 있고, 휴가마다 동해 바다가 보이는 곳에서 지인들과 함께 파티를 할 수 있는 펜션이 있으면 좋겠다고 생각했다. 지붕이 열려 오픈에어링을 즐길 수 있는 스포츠카와 짐을 가득 실을 수 있는 SUV 차 두 대를 가지고 싶었다. 해외여행은 일 년에 두 번 정도 갈 수 있고, 분기마다 네 번은 백화점에서 1000만 원씩 옷을 사고 싶었다.

생활에 필요한 소비 수준을 배제하고 이 모든 걸 할 수 있는 금액을 계산해보니 1년에 10억 넘게 있으면 충분히 하고도 남았다. 그 10억을 개월로 나누어 대략 월 1억이라는 액수가 나왔고, 이 돈을 순수익으로 벌면 내가 꿈꾸는 자유로운 모습으로 살 수 있겠다는 결론을 내렸다. 추상적으로 돈을 많이 벌겠다는 것보다 그 액수로 할 수 있는 나의 미래를 그려보면 목표를 구체적으로 정할 수 있다.

단지 돈만을 쫓는 게 아니라 내가 싫어하는 걸 배제하면서 수입을 극대화시켜 나가고 있다. 이때부터 나는 한 달에 1억을 벌기 위한 계획을 세우고 달려나가고 있으며, 이제 반절은 이룬 것 같다.

원하는 것을 할 수 있는 자유

20대 초반에 크게 자수성가를 한 친구가 있다. 스물네 살에 그 친구의 페라리 조수석에 타고 청담대로를 달려봤다. 드라이브가 아니라 도심에서 레이싱 게임을 즐기는 듯한 기분이었다.

최근에는 트리마제로 이사한 사업가 동생의 집들이에 다녀왔다. 모든 창문에서 한강이 보였다. 고층건물에서 도시를 내려다보니, 치킨을 시켜 먹고 닌텐도 게임을 하는 것도 확실히 다르게 느껴졌다. 비록 내 집이 아니었지만 진짜 성공을 한 것 같은 기분이었다.

바에서 음악을 들으며 술 마시는 게 취미다 보니 집 근처에 있는 바에 자주 가서 사장님과 친해졌다. 알고 보니 청담과 강남 일대에 네 곳의 바를 운영하는 분이었다. 어쩌다 초대받은 사람들만 입장할 수 있는 청담동 프라이빗 바에 가서, 살면서 처음 보는 고급 위스키도 마셔봤다. 이 또한 돈 내고 갈 수 있는 고급 바와는 또 다른 매력이 있었다.

돈을 소비하며 최고의 것을 누리는 재미가 있다. 항상 가던 프랜차이즈 카페에서 커피를 마시거나 매번 들르는 동네 포차에서 소주를 먹는 것과는 차원이 다르다. 고급스러운 음식도 경험해봐야 그게 맛있다는 걸 알고 또 먹고 싶다고 느끼는 것처럼, 고급스럽고 값비싼 경험도 겪어보니 이게 재미있고 또 누리고 싶다는 감정이 들었다.

자유를 얻기 위해 사업을 해야겠다는 결심이 굳어졌다. A부터 Z

까지 모든 걸 내가 다 책임져야 하는 대표 직함은 직원에 비해 엄청난 무게감이 있고, 실제로 불안함의 연속에 몸도 더 고단해졌다. 하지만 직장에서 직원으로 일하는 것보다 1000배 이상 빠르게 성장할 수 있다. 돈을 벌어야 할 구체적인 명분이 생기니 남들보다 더 활활 타오르는 동기부여로 무장한 채 직장을 탈출해 돈 버는 게임을 시작할 수 있었다.

분노라는 감정은 보통 좋지 않다고 여겨지지만, 성장에 있어서만큼은 폭발적인 힘을 낼 수 있는 중요한 연료다. 현 상태에 불만을 느끼는 걸 넘어 화가 나야 한다. 이 화가 커지면서 나의 의지가 세질수록 내 멘탈은 더 단단해질 수 있다. 주위에 어떠한 일이 생기든, 주변 사람들이 나에 대해서 뭐라고 말하든 나는 내 길을 묵묵히 걸어갔다.

초고속 성장을 하는 길은 평범한 사람들이 가려는 삶의 과정과는 많은 부분에서 차이가 있다. 여기에 브레이크를 걸어 앞으로 나가는 속도를 늦추는 부류들이 초창기에 자주 등장할 것이다. 방해하는 모든 걸 부수고 앞으로 나가기 위해선 스스로 왜 빠르게 성공하고 싶은지에 대한 이유를 반드시 탐구해야 한다. 이 동기가 자신의 마음 깊숙이 자리 잡지 않으면 주변 의견에 휩쓸려 의지가 갈대처럼 휘청거릴 수밖에 없다.

2

억대 연봉을 찍고 대학교를 자퇴하다

'경제적 자유'라고 하면 방구석에 누워만 있어도 수억 원이 통장에 들어오는 모습을 상상할지도 모르겠다. 이런 경제적 자유는 불로소득에 해당하는 주식 배당금이나 부동산 월세, 더 나아가 100억을 통장에 넣어두고 아무것도 하지 않는 경우밖에 없다고 생각한다. 물론 나도 아무것도 몰랐던 시절, 경제적 자유라는 단어를 남발했던 시절도 있었다.

지금 와서 생각하면 경제적 자유보다는 '자동화'라는 말이 맥락에 더 맞다고 생각한다. 나는 현재 이를 이뤘다고 생각한다. 내가 현재 정의하는 경제적 자유는 일반적으로 정의하는 것과는 조금 다르다. 여기에는 세 가지 조건이 있다.

첫째, 절대로 파산하지 않는 소득 수준.

둘째, 대부분의 난관을 헤쳐나갈 수 있는 문제해결 능력.

셋째, 필요할 때 언제든지 도움을 받을 수 있는 인적 네트워크.

이 세 가지가 모두 갖춰진다면 세상을 살아가며 맞닥뜨릴 어려운 문제가 대부분 사라진다.

나는 이 모든 게 충족되면 휴학 중에 있는 대학교를 자퇴해야겠다고 결심했다. 그래서 바로 얼마 전 억대연봉을 찍고 나서 다니던 대학교에 자퇴원서를 제출했다. '2년밖에 안 남았는데 졸업장만 따자'는 비생산적인 생각을 할 게 아니라, '2년 동안 내가 무엇을 이뤄낼 수 있을까'를 고민하는 건설적인 사람이 되고 싶었다.

나는 억대연봉을 달성하고 난 이후로 결정적인 한 가지를 얻었다. 그건 바로 하고 싶은 일을 현실로 만드는 능력이다. 머릿속에 '이거 하면 재밌겠다'라는 생각이 떠오를 때, 전에는 '나중에 언젠가는 해야지'라고 한없이 미뤄두며 현재 하던 일에 집중했다. 하지만 지금은 정말 해보고 싶은 일이라면 하던 일들을 당장 올스톱시킨다. 하루 이틀만 가지고 있는 모든 에너지를 쏟으면 누가 봐도 그럴싸한 그림을 완성할 수 있다.

교육업에 뛰어들어 다른 회사를 자문하는 경영 컨설턴트를 하고 싶다고 주변 사람들에게 말하고 다녔던 시절이 있었다. '과연 어떤

지역에서 초·중·고를 나왔다. 왜 공부를 해야 하는지, 왜 대학교를 가야 하는지에 대한 이유도 모른 채 남들이 하니 별생각 없이 학원 뺑뺑이를 돌아가며 밥 먹고 공부만 했다.

그렇게 성적에 맞춰 무엇을 배우는지도 모르는 서울에 있는 한 경영학과에 입학했다. 내내 입시로 억눌려 있다가 대학에 진학하자 정말 신나게 놀았던 기억밖에 나지 않는다.

2학년이 되고 나서부터 '앞으로 뭘 해서 먹고살지?'라는 미래에 대한 걱정이 들었다. 경영학과를 졸업해서 내가 뭐가 될지는 선배들이 나아가는 길을 엿보면 알 수 있었다. 나름대로 공부 잘하고 잘 풀렸다고 동기들 사이에서 거론되는 선배들을 알아보니 금융권에 취업을 하거나, 마케팅·기획·인사팀 등의 직무로 대기업에 취직하거나 둘 중 하나였다.

대학을 졸업해도 월급쟁이로는 자유롭게 살거나 큰돈을 벌 수 없다는 걸 알게 되었을 때 무언가 잘못되었다는 걸 직감했다. 대학교를 졸업하고, 취업준비를 하다가 직장인이 되고, 결혼을 하는 테크트리를 타기에 나는 아직 젊고 시간이 많았다. 세상이 정해준 틀에 맞춰 나라는 사람을 만들고 싶지 않았다. 그렇게 살 바에는 죽는 게 낫겠다는 극단적인 생각이 들며 실패해도 인생이 망가지지 않는 이 시기에 내가 좋아하는 것부터 하나씩 해보자는 결론이 나왔다. 이때가 처음으로 주체성을 가져본 내 인생의 첫 전환점이다.

내가 좋아하는 게 뭘까 몇 날 며칠 고민해보니 남들보다 옷에 관심이 많다는 걸 발견했다. 나는 인스타그램에서 이른바 '패피'라고 불리는 연예인과 모델들의 피드에 나온 착장을 살펴보며 그들이 입은 옷에 대한 정보를 찾고 비슷한 분위기를 연출하기 위해 따라 했다. 대학생 시절에도 남들과는 조금 다르게 평범하지 않은 옷들을 입고 다녔다. 비싸서 못 사는 아이템들은 종로 광장시장에 있는 먼지 가득한 구제상가를 몇 번씩 돌며 찾아다녔고, 원하는 걸 찾을 때까지는 집에도 안 갈 정도로 패션에 대한 열망이 가득했다.

그래서 그 당시에 가장 관심 있는 분야인 패션 쪽에 입문하기로 정하고, 의식의 흐름대로 하고 싶은 이것저것에 손을 댔다.

첫 번째로 접한 일은 패션MD라는 직업이었다. 경영이라는 전공과 좋아하는 분야인 패션을 연결해 두 마리 토끼를 다 잡을 수 있을 거라는 게 내 선택의 이유였다.

관련 직무에 대해 전문교육을 해주는 학원을 인터넷에서 찾아낸 뒤 그 당시에 부모님이 주신 50만 원을 내고 자격증까지 취득했다. 주체적으로 선택한 일이었고, 옷을 자주 접할 수 있는 직업이었기에 초반에는 흥미가 가득했다. 마지막 시험을 볼 때쯤에야 매년 계절별로 판매에 필요한 옷의 수량을 파악하는 일이라는 걸 알게 되었다. 패션 자체를 좋아했던 나로서는 숫자와 관련된 일에 흥미가 없다는 걸 느끼고 그만두었다.

두 번째로 한 일은 페인팅 블로퍼 사업이었다. '마르지엘라'라는 브랜드에서 신발의 앞코에 페인팅이 되어 있는 스니커즈를 보고 영감을 얻었다. 50만 원이 넘는 금액이라 당시에 받던 용돈으로는 도저히 비싸서 살 수는 없었지만, 스타일 자체는 너무 매력적이라 직접 만들어서 신고 다녀야겠다는 생각에서 아이디어를 얻었다.

이때 당시에는 경영학과를 다니며 소비자 니즈 개념을 배웠지만, 체득해서 배운 산지식이 아닌 전공책으로 배운 죽은 지식이었기에 실제로 적용하려는 그 순간에는 아무런 도움이 되지 않았다. 내가 좋아하니 남들도 관심을 가져주겠지 하는 어린 생각으로 이 시장에 진입했다. 또한 페인팅과 로퍼의 슬리퍼 버전이라고 볼 수 있는 블로퍼를 믹싱했으니 차별점도 명확하겠다며 혼자 오만 착각을 다 했다.

구두에 페인팅을 어떻게 하는지 그야말로 1도 몰랐기에, 인스타그램으로 관련 일을 하는 사람을 찾아내어 서울에서 왕복 4시간이 걸리는 일산까지 가서 몇 주에 걸쳐 기술을 배워왔다. 겁도 없었던 이 시절, 어디에 어떻게 팔지도 모르는 상황에서 나는 페인팅에 필요한 각종 장비를 구입하고 블로퍼 100켤레를 동대문에서 사입했다. 집에서 일단 완제품을 찍어내고 SNS에 올리면 입소문이 퍼지며 팔릴 줄 알았기에 일단 무대포로 200만 원의 거금을 들여 준비부터 했다.

그렇게 페인팅 블로퍼 3켤레를 만들고 페이스북과 인스타그램에 상품 사진과 설명글을 올렸는데, 옷을 좋아하는 친구 한 명을 제외하고는 관심조차 주지 않았다. 이런 일이 며칠 반복되고 나자 그

제야 이건 아니다 싶었다. 베란다가 재고 창고로 되지 않기 위해 사입했던 모든 블로퍼를 위약금을 내고 거래처에 다시 환불했다.

세 번째로 한 일은 퍼스널 스타일리스트였다. 옷을 잘 입는다는 이야기도 주변에서 많이 듣고 쇼핑을 같이 가서 코디를 해달라는 지인들이 종종 있었다. 같이 아울렛이나 쇼핑몰에 가서 지인에게 옷을 추천해주면 신기하게도 하나같이 다 잘 어울려서 도움을 받은 사람은 물론 주변 사람들에게서도 호평이 이어졌다. 심지어 나는 코디를 하는 속도도 빨랐다. 10분 정도 전 매장을 한 바퀴 쓰윽 둘러본 뒤 염두해둔 3곳 매장 안에서 다시 1분 정도 모든 옷을 만져보며 머릿속에 같은 옷으로 활용할 수 있는 여러 가지 코디를 구상할 정도로 속전속결로 진행했다.

이 재능을 발휘해 일반인을 대상으로 스타일링을 해주기로 마음먹었다. 옷 자체와 직결된 일이라 다른 일에 비해 더 좋았다. 퍼스널 스타일리스트라는 직업에 대해 구글에 검색해서 더 자세하게 알아보니 실제로 미국에서는 이 직업이 굉장히 선호도가 높다는 정보가 있었다.

그렇게 네이버 카페에 모집글을 올려 옷에 대해 감각이 없는데 잘 입고 싶은 고객을 몇 명 모집했다. 그런데 막상 고객마다 만족감의 편차가 너무 심했다. 패션은 예술의 영역이었기에 내 눈에 예뻐 보이는 게 다른 사람에게도 똑같이 좋아 보이는 건 아니었다. 심지어 내가 패션업계에서의 인지도가 전무하다 보니 내 추천에 신뢰감을 주지 못했다. 이 일을 하며 반드시 해결해야 할 '패션은 정답이 없다'라는 문제를 극복하지 못하고 그만두었다.

네 번째로는 이왕 진입한 거 끝장을 보자는 생각에 스타일리스트 어시스턴트라는 일을 했다. 바로 전 퍼스널 스타일리스트를 할 당시 내가 패션계에서 권위가 없기에 내 말에 힘이 없어 평균 이상의 만족도를 끌어내지 못했다고 생각했다. 그렇다면 내가 패션에 대한 권위자가 되면 이 문제가 해결될 거라는 생각으로, 어떻게 스타일리스트 일을 할 수 있는지 알아봤다. 모집 기간이 끝난 스타일리스트 구인 공고를 보고 일하고 싶다고 수차례 전화를 해서 이력서를 들고 찾아갔다. 비록 관련 자격증이나 학력이 있지는 않았지만 당돌한 패기를 높이 사서 어시스턴트로 일해보라며 나를 뽑아주셨다.

광고 현장에서 연예인과 모델들의 코디를 도와주는 일을 한다는 말을 듣고 재밌겠다는 생각이 들었지만, 실제로는 업계의 군기문화가 너무 심했고 업무는 끝이 없었다. 내가 일한 첫날은 한 외국인 모델이 감독의 의도를 이해하지 못하고 NG를 너무 많이 내서, 그날 오전 8시에 출근하고 다음날 오전 8시에 퇴근을 했다. 이렇게 10년을 버티면 스타일리스트를 할 수 있다고 한 선배가 말해줬지만, 그 오랜 시간 동안 이 정도의 고된 생활을 계속할 만큼 내가 패션에 미쳐 있지는 않음을 깨달았다. 좋아하는 일을 하기 위해 입문했지만 결국에는 패션에 대한 흥미까지 잃고 나온 꼴이 되었다.

이때도 일단 실행력 하나만큼은 좋았다. 해보지 않고 미루어 짐작하는 건 전부 다 합리화라고 생각했다. 해보기 전까지는 그 일이 나에게 잘 맞는지 절대로 알 수 없다. 그렇게 빠른 실행으로 패션이라는 필드를 직접 경험해볼 수 있었다. 하지만 실행력이 벽을 마주했을 때 그 난관을 넘기 전에 이미 마음속에 한계라는 선을 긋고 있었다.

만약 이 당시에 '할 수 있다'는 긍정적인 생각만으로 내가 패션의 길로 나아갔다면 어떤 사람이 되었을까? 초고속 성장이 가능한 길을 찾았다면 지금 잘나가는 패션 유튜버 '최겨울'이나 '핏더사이즈'처럼 대기업에서 협찬을 해줄 만큼 영향력 있는 인플루언서가 되었을지는 아무도 모르는 일이다. 만약 사회에서 정해준 전통적인 방식이 아닌 더 빠르게 갈 수 있는 지름길 같은 새로운 방법으로 권위를 높인 뒤 페인팅 블로퍼 사업이나 퍼스널 스타일리스트를 했다면 크게 성공했을 수도 있다.

경제적 독립선언 후 선택한 자발적 가난

그후 영업직을 선택한 건 내 인생에 있어 신의 한수였다. 여기서 두 번째 전환점을 맞이했다.

군 복무 시절 우연히 로버트 기요사키의 저서 《부자 아빠 가난한 아빠》라는 책을 읽은 적이 있다. 아마 돈 버는 것에 관심을 가진 대부분의 사람이 읽어봤을 법한 스테디셀러다. 한 번도 생각해보

4

비즈니스에 날개를 달아주는 글쓰기 전략

얼마 전 한 출판사 대표님이 연결해준 좋은 기회로 '보통 사람들의 돈 버는 이야기'를 전달하는 유튜브 채널 '옆집CEO'에 인터뷰 출연을 하게 되었다. 이 채널은 두 번째로 올린 영상이 조회수 45만을 기록하며, 10개도 안 되는 영상으로 초단기간에 3만 명 이상의 구독자를 모았다.

보통 사람들을 대상으로 한다는 채널 주제도 좋았지만, 인터뷰 진행과정에서 크게 놀랐던 기억이 있다. 다른 인터뷰 전문 유튜브 채널의 경우에는 출연자가 자신의 경험을 이야기하는데 약간은 장황한 느낌이 있었다. 하지만 옆집CEO 채널에서는 출연자가 알아서 자신이 돈 번 경험을 이야기하는 식으로 영상을 준비하지 않았다. 인터뷰 전에 전화로 진행한 사전 인터뷰를 기반으로 돈 버는 방법과 관련해 게스트가 말할 수 있는 이야기를 나열하고, 거기서 한 가지 주제를 정했다. 그리고 이야기 구성상 첫 번째는 A 이야기, 두 번째는 B 이야기, 세 번째는 C 이야기를 말해달라는 코칭을 받았다. '초보자가 무조건 따라올 수 있는' 방식으로 흐름을 구성하니 이에 맞춰 준비해달라는 요청이었다.

채널의 운영자분께서는 사람들은 쉽고 당장에 실행할 수 있는 걸 좋아한다는 사실을 뼛속 깊이 아는 분이었다. 이를 활용해 대중을 사로잡을 수 있는 형식을 만들었다. 그것을 바탕으로 구체적으로 알려주는 걸 넘어서서 하나부터 열까지 떠먹여주는 지식전달 방식이 대단히 인상적이었다. 좋은 영상은 더 노출시켜주는 유튜브 알고리즘에 의해 채널이 급성장할 수밖에 없다. 이는 모든 경쟁자를 초스피드로 추월할 수 있는 전략이라고 할 수 있다.

누구나 활용할 수 있는 교육자 포지션

이처럼 하나부터 열까지 떠먹여주는 교육자의 포지션을 취하게 되면 초스피드로 성장할 수 있다. 여기서는 전문강사 같은 교육자와 함께 지식을 전달하는 모든 역할을 '교육자 포지션'이라 부르겠다. 교육자 포지션이 성장에 유리한 이유는 남을 가르칠수록 내가 가진 지식이 더욱 정교해지기 때문이다. 학창 시절에 기꺼이 자신의 공부시간을 포기하며 다른 학생들을 성심성의껏 가르쳐주는 공부 잘하는 학생을 기억하는가? 공부 못하는 학생들을 배려해 하나부터 열까지 일상생활의 쉬운 예시를 들어가며 답답함을 꾹 참고 눈높이에 맞춰 설명하는 모습을 한 번쯤은 본 적이 있을 것이다.

잘 아는 것과 잘 가르치는 것은 다른 이야기다. 누군가를 가르치는 건 상대방의 이해를 더 돕기 위한 작업이다. 그렇기에 내가 아는 지식을 더 쉽고 간단하게 만들어야 한다. 이 과정에서 나의 지식은 100%에 가깝게 머릿속에 확립된다.

나 또한 교육자로서의 삶을 살 줄 꿈에도 몰랐다. 교육업계에는 정말 우연한 계기로 입문하게 되었다. 광고대행사에서 브랜드블로그 대행 상품을 판매했을 당시 대행을 맡긴 대부분의 업장이 광고효과를 봤다. 한 업체는 2주 동안 1억 원에 가까운 매출을 올렸는데, 이 포트폴리오가 입소문을 타 더 많은 업장에서 문의가 왔다. 내 몸 하나로는 커버할 수 있는 문의량이 아니었다. 이를 극복하고자 내 블로그 글쓰기 노하우를 교육자료로 만들어 사무실에 상주하는 직원들에게 가르쳐 글 실력을 따라 할 수 있게 시도했다. 하지만 다른 직원들은 나만큼의 퍼포먼스가 나오지 않았다. 실적에 따라 인센티브를 받는 영업사원이 아니기에 자기 시간을 쪼개서 다른 영역에서도 성장하고자 하는 의지 자체가 없었기 때문이다.

여기서 포기하지 않고 이것을 기회로 여기기로 했다.

'자신의 회사에 대해 가장 잘 알고 있는 사람은 대표 본인일 텐데, 브랜드블로그 운영에 대한 노하우만 알고 직접 쓴다면, 수백만 원의 광고비도 아끼고 더 세세한 부분까지 어필할 수 있으니 대행을 맡기는 것보다 더 좋은 결과가 나오겠는데?'

월 1000만 원 소득 구간을 넘기지 못한 사업주들은 잘나가는 바쁜 대표들과는 다르게 상대적으로 마케팅에 직접 관여할 수 있는 시간적 여유가 있다. 고객 니즈가 확실하니 내가 지식만 제대로 전달하면 충분히 승산이 있겠다고 생각했다.

그렇게 태어나서 한 번도 교육을 해본 적 없던 내가 그간 축적했던 모든 브랜드블로그의 노하우를 담아 영상강의를 제작했다. '내가 사업화를 못 시키니 이걸 강의로 풀어야겠다'는 생각으로 입문한 교육자 포지션이 지금의 나를 초고속으로 성장하게 만들어주었다.

물론 내가 교육자 포지션에서 성공했다고 해서 독자분들도 강사가 되라는 건 아니다. 굳이 교육업에 종사하지 않아도 된다. 하지만 우리 일상생활을 잘 둘러보면 교육은 어디에서나 쓰인다.

회사에서 신입사원을 채용해 직무교육을 할 때나, 집에서 자녀를 교육할 때, 그 외에도 정말 많은 분야에서 직접 다른 사람을 가르쳐야 하는 일들이 많다. 우리는 살아가는 한 누구나 교육자가 될 수밖에 없는 운명이다. 그렇기에 교육자 포지션이 성장이라는 측면을 넘어 살아감에 있어 필수적인 능력이라고 볼 수 있다.

그렇다고 교육에 대해 너무 진지하게 받아들일 필요는 없다. 소비자의 심리가 담겨있는 돈 버는 필드의 작은 일부분일 뿐이라고 생각하자. 교육자로서 더 많은 걸 알려주기 위해 내가 계속해서 성

보자면 시중에 파는 1만 원짜리 노트 500권 분량이다. 수없이 메모를 하며 기록하는 생각의 종류 또한 다양해졌기에 성격에 맞는 매체를 선택하고 있다.

우리는 메모를 통해 인간의 망각이라는 단점을 극복할 수 있다. 더 나아가 기록하며 떠오르는 참신한 아이디어는 덤이라고 볼 수 있다.

③ 소스를 토대로 뼈대를 구축한다

틀이 완성되었으니 이제 소스들을 조합해서 뼈대를 만들어야 한다. 여기서 뼈대란 글의 50% 정도의 완성도를 뜻한다. 틀에 모아둔 소스들을 분류하는 것만으로도 뼈대가 형성되기도 한다.

④ 마지막으로 뼈대에 살을 입힌다

틀과 뼈대가 준비되었으니 이제 마지막으로는 각 잡고 글을 써야 한다. 지금까지 글이 완성되는 데 필요한 과정을 잘게 쪼개어 마지막 단계까지 왔기에 그리 많은 시간이 걸리지 않는다. 하나씩 쓰면 쉽고 한방에 쓰는 건 어렵다. 어느 정도 살이 붙었다고 생각되면 그대로 발행 버튼을 누르자. 그다음 1시간의 텀을 두고 수정을 거쳐 100%의 완벽도에 가까운 글로 만들어야 속도를 비약적으로 높일 수 있다.

이런 식으로 글 하나를 적는 과정을 잘게 쪼개어 틀, 소스, 뼈대, 살의 4단계 순서대로 작성한다면 1시간 이내에 남들이 인정할 만한 잘 팔리는 글을 작성할 수 있다. 이렇게 작성한 글이 100개 단위로 쌓이면 생각을 표현하는 속도가 굉장히 빨라진다. 이를 통해 단지 글만 썼는데, 사람과 사람이 만나 커뮤니케이션 하는 모든 영역에서 능숙해지는 믿기 어려운 경험을 할 수 있다. 더 나아가 전자책이나 종이책을 집필하거나 강의나 컨설팅 등 지식창업으로 부수입까지 올릴 좋은 기회를 얻을 수 있다.

여기서 한 가지 주의할 건 글을 쓸 때 힘을 빼야 한다는 점이다. 처음 글쓰기를 하는 많은 사람이 첫 문단을 한 시간째 붙잡고 진도를 못 나가는 일을 겪는다. 가볍게 이야기할 수 있는 것도 기록이 된다면 압박감 때문에 한없이 힘이 들어간다. 그러면 논리구조도 흐름도 엉망이 되고 만다. 말이든 글이든 거울처럼 내 모습이 온전히 상대방에게 전해진다. 내가 글에 힘을 주면 상대방도 힘이 잔뜩 들어가서 어렵게 읽을 수밖에 없다.

글 작성을 할 때 너무 막연하게 느껴지거나 아이디어가 떠오르지 않는다면, 10년지기 친구에게 내가 잘 알고 있는 것에 대해 한 가지 팁을 알려준다고 생각하고 적어보자. 오랫동안 본 친구에게는 보통 허례허식이 없는 채로 말을 한다. 그렇기에 이 방식을 활용하면 가장 생생하고 자연스러운 말이 나올 수 있다. 친구에게 말하는 것처럼 먼저 말로 설명한 뒤, 세부적인 표현을 다듬으면 더 생동감 있는 글을 완성할 수 있다.

글쓰기 능력을 키우는 3단 레벨업

글쓰기에 익숙해졌다면 3단계로 나눠 전략적으로 레벨업해야 한다. 그래야 교육자 포지션으로서의 모든 장점을 다 활용할 수 있다.

① 모든 것을 글로 남겨라

처음부터 긴 칼럼 같은 글을 쓰기란 어렵다. 그렇기에 글을 쓰는 게 손에 익을 때까지는 사소한 것부터 써나가야 한다.

첫 시작은 오늘 하루의 성장일지와 같은 일기를 적는 것이다. 내가 오늘 잘했던 점, 아쉬워서 개선하고 싶었던 점, 하루 동안 든 생각을 형식에 얽매이지 말고 자유롭게 글로 남긴다고 생각하면 된다. 살아가며 어쩔 수 없이 우리는 눈치를 보는 경우가 점점 늘어난다. 그렇기에 나의 솔직한 생각을 표현하는 방법도 점점 잊어버리게 된다. 글 작성을 통해서라도 머릿속에 있는 나의 감정들을 진솔하게 꺼내는 법을 연습해야 한다.

어디에 적든 상관은 없으나 혼자만 볼 수 있는 한글, 워드 파일이나 메모장보다는 네이버 블로그든 다음 브런치든 검색 노출이 되어 사람들에게 보이도록 하는 쪽을 선택해야 한다. 남에게 보인다는 약간의 압박감은 글의 완성도를 높이는 데 큰 도움이 된다.

② 잘 팔리도록 글을 써라

일기를 통해 글을 쓰는 행위에 익숙해졌다면 그다음으로는 잘 팔리는 글을 써야 한다. 잘 팔리는 글이란 1차적으로는 사람들에게 인기가 많은 글이다. 이는 수많은 글 중 독자들의 선택을 받고 좋은 내용에 감사하다는 피드백까지 받는 글이 될 수 있다. 실제로 내가 판매하는 상품을 글로 설명하며 소비자들을 설득해 매출로 직결시킬 수도 있다.

③ 글을 돈 받고 팔아보는 경험을 하라

우리는 정보가 곧 돈인 세상에 살고 있다. 내 글을 PDF 전자책으로 만들어 돈을 받고 팔아보자. 해본 사람은 알겠지만 돈을 받고 지식을 판매한다는 것 자체가 자동으로 책임감을 만든다. 무료와 유료는 모든 측면에서 그 차이가 심각하게 크다. 하나의 지식기반 상품을 만들어 판매까지 해보는 경험은 글쓰기 실력을 압도적으로 높여줄 수 있다. 전자책을 만들어 판매하는 방법은 '돈 버는 공략집, 곤팀장' 유튜브 채널에서 무료로 공개하고 있으니 재생목록 중 가장 조회수가 높은 영상을 참고하기 바란다.

이번 장에서 이야기한 글쓰기 4단 구조와 3단 레벨업의 방식대로 최소한 100개만 글을 적어보자. 계속해서 글을 보고 적으면서 논리구조를 찾다 보면 어느새 성장한 자신을 발견할 수 있을 것이다. 돈도 벌고 지식도 정교해지는 일석이조의 효과를 볼 수 있다. 그러니 성장을 원한다면 하지 않을 이유를 찾기가 더 힘들다. 글쓰기를 통해 교육자의 포지션을 취함으로써 당신은 초고속 성장을 할 수 있다.

5

1년 안에 10년치 성과를 만드는 온라인의 파급력

코로나 팬데믹 사태는 정답도 규칙도 없는 새로운 세상의 문을 열었다. 성과가 10배가 아닌 10,000배의 결과가 나오는 기회의 시기이기도 하다. 온라인의 가속화로 여러 대기업 온라인 플랫폼의 사이즈가 커졌기에 가능한 결과다. 이는 내가 몸담은 교육업 분야뿐만 아니라 여러 산업 분야에 영향을 미쳤다. 이들의 파급력이 불러온 변화를 살펴보면 온라인 플랫폼이 얼마나 강력해졌는지를 알 수 있다.

기존의 메가플랫폼들은 점점 더 정교해지고, 이용자들에게 편리함을 줄 수 있는 각종 서비스들이 연쇄적으로 출시되고 있는 요즘이다. 이를 통해 온라인 기반 비즈니스에 영향을 미친 낙수효과들

있는 기회로 만들 수 있다. 그러니 행동에 대한 결과를 기대하지 말고 이번에는 어떤 개선점이 나올지에 대해 기대하자. 이렇게 게으름과 기대감을 이겨내면 실행력을 쉽게 높일 수 있다.

절박하다고 말할 시간에 일단 실행하자. 실행하지 않고 불가능하다고 말하는 건 핑계가 될 뿐이다. 안 된다고 말하기 전에 항상 실행으로 검증하는 습관을 들여야 한다. 자신을 극한까지 몰아넣을 수 있을 정도의 미친 실행력은 수많은 난관을 어렵지 않게 넘어설 수 있는 힘을 길러준다.

3

비완벽주의가 주는 발전의 가속도

나는 원래 완벽주의 성향을 타고난 듯했다. 대학 시절 중간고사나 기말고사를 준비할 때 이해가 안 가면 500페이지가 넘는 그 두꺼운 전공책을 덮고 첫 페이지부터 다시 읽었다. 완벽을 추구하다 보니 남들이 공부하는 시간에 2배에서 3배는 더 걸렸던 것 같다. 하지만 A 이상의 성적은 2년 동안 단 1번밖에 받지 못했다. 이때부터 이어져온 완벽주의 성향을 불과 얼마 전까지만 해도 깨지 못하고 있었다.

하지만 나에게 벌어진 세 가지 사건은 내가 비완벽주의를 추구하게 된 계기를 가져다줬다. 비완벽주의가 정신적 스트레스를 크게 줄여준다는 것도 알았고, 몇 번 반복하면 오히려 완성도가 더 높아진다는 것도 깨달았다. 어쩌면 무엇이든 완벽이라고 말할 수 있는 게 없는데도 완벽을 추구한다는 것 자체가 모순이 아닐까.

첫 번째는 처음 플랫폼에 글쓰기 강의를 입점했을 때다.

이 강의는 총 2000명이 넘는 분이 수강했다. 이를 통해 정말 다양한 소비자의 반응에 대한 데이터를 얻을 수 있었다. 입시 시장의 스타강사 중 비속어를 섞어가며 강의하는 분들도 많다. 이들은 수험생들이 평소에 사용하는 언어들로 눈높이를 맞춰 10대들의 동질감을 얻고 인기몰이를 하고 있다. 재미있는 장면이 유튜브에 퍼지면서 인지도가 더 높아지는 선순환을 타기도 한다.

이 방식을 벤치마킹해 강의에 더 생생한 감정을 담고 싶었다. 강의라는 딱딱한 느낌을 조금 순화시키기 위해 평상시에 사용하는 자연스러운 말투를 조금 섞어서 대본을 만들었다. 다행히도 이런 변화에 긍정적인 반응을 해준 사람이 99%였다. 최근 한 수강생이 자기 인생의 가보로 이 강의를 리스트업 했고, 너무 감사하니 식사를 대접하고 싶다고 해서 강남의 한 족발집에서 만난 적이 있다. 심지어 “사랑한다는 말을 부모님께만 쓰는데 곤팀장 님은 제가 진짜 사랑한다”라며 아낌없이 좋은 반응을 해주셨다.

가끔은 불만 댓글을 남기는 분도 있었다. “왜 이런 격식에 맞지 않는 단어를 강의라는 공석에서 사용하세요?”라는 게 그 이유였다.

완벽을 추구하기 위해 모든 사람을 만족시키고자 했다면 불만을 표현한 분들을 의식해 유머 포인트를 덜 심었을 것이다. 그렇게 된다면 오히려 딱딱하게 느껴질 수 있는 전형적인 학교 수업 느낌을 주기에 지루하다는 평가가 더 많아졌을지도 모른다. 그럼 다시 이들을 만족시키기 위해 변화해야 한다. 출구 없는 악순환이 계속 반복됐을 것이다. 사업가로 이득이 더 큰 쪽을 선택해야 한다.

결국 나의 선택이 옳았다는 걸 확인했다. 이 강의는 지금도 플랫폼 전체를 통틀어 총매출 1위를 유지하고 있다. 정답은 고객에게 있다.

나의 생각이 전부라고 생각하지 말자. 그게 바로 비완벽주의로 툭툭 치고 빠르게 성장하는 시작이다.

두 번째는 앞에도 이야기한 광고대행사를 만드는 교육과정인 창업 다마고치를 무료로 모집했을 때다.

감사하게도 모집하는 글을 통해 100명에 가까운 분들이 지원서를 제출해주셨다. 여기서 과거의 나라면, '기대했던 100명에 못 미치면 어쩌지? 시간을 더 투자해서 교육 커리큘럼 준비해야겠다'며 잔뜩 힘을 들였을 것이다. 하지만 완벽주의보다 비완벽주의가 서로에게 이득이라는 점을 알았기에 이번에는 달랐다. 완벽주의를 가지고 교육과정을 준비했다면 평균 이상은 갔겠지만, 그만큼 시간과 에너지를 전체 커리큘럼에 쏟았기에 수강생분들의 1:1 케어에 신경 쓰지 못했을 것이다. 이번 교육과정은 전부 문서 형식으로 자동화시켰다. 교육 내용보다 1:1 면담과 피드백에 많은 시간을 투자하는 방향으로 강의를 만들기 위함이었다.

선발된 네 명 모두 각자의 블로그 글쓰기와 마케팅 실력이 달랐기에 해당 방법이 훨씬 효율적이라 판단했다. 수강생들이 실제로 어려워하는 점에 대해 개별적으로 파악하고, 실시간으로 전체 교육과정에 편입시켜 퀄리티를 더 높일 수 있었다. 결국 2~3일 정도의 준비과정을 거쳐 비완벽한 교육과정이 나왔고, 코칭이 끝난 후 4명 모두 3개월 만에 월 300만 원 이상을 달성하는 초대박이 났다. 그 이후에 3개의 문의를 연속으로 모두 계약에 성공시키며 월 1000만 원 수익을 순식간에 돌파한 수강생도 있었다. 블로그를 운영해본 적이 없으나 교육과정대로 글 5개를 적으니 상세페이지가 없음에도 150만 원의 순이익이 발생한 수강생도 있었다.

이러한 결과만 보더라도 비완벽주의가 만드는 파급력을 알 수 있다. 만약 처음부터 완벽하게 교육과정을 만들려고 했다면 시간만 더 들어가고 이만큼의 성공을 가져오지 못했을 거라 생각한다. 시간은 한정되어 있으니 우리는 더 효율적인 방법이 없을까를 계속 고민해야 한다. 비완벽주의는 당신이 생각한 것 이상으로 더 큰 효율을 가져다줄 것이다.

사람에게는 이중성이 있다. 정말 만족하더라도 남들이 제기한 불만에 1%라도 같은 마음이 들면 그 1%가 머릿속에 강하게 자리 잡는다. 원래 긍정보다는 부정의 에너지가 훨씬 강력한 법이다. 우리는 절대로 모든 사람을 만족시킬 수 없다. 비완벽주의를 통해 나오는 불만들을 겸허하게 받아들이자. 문제를 발견하고 개선해나가는 건 아주 건강한 과정이다. 하지만 모든 소비자의 만족을 이끌어내려고 노력한다면 평생 완벽의 늪에 빠지게 된다.

세 번째는 '클래스유'라는 교육 플랫폼에 강의를 입점할 때다.

나는 강사로서 이미 여러 플랫폼에 입점하고 있고, 지식창업을 하는 수강생들을 통해 시중에 나와있는 모든 플랫폼에 대한 특성을 알고 있다.

종류를 나눠보자면 크게 세 가지다. 하나는 대중들에게 검증이 된 강의만 올리는 펀딩제, 다른 하나는 플랫폼의 인력으로 유명 강사들만 모집하는 선별제, 마지막으로 누구나 입점할 수 있는 자유제다.

자유제로 운영하는 '클래스유'에서 공식 파트너십을 맺자는 입점 제의가 먼저 왔다. 조건이 괜찮아 온라인 세일즈 강의 촬영을 승낙했다. 계약과 관련해서 궁금한 10가지 질문을 추려 대표님과 미팅을 진행했다. 1시간이 지나고 집에 가는 길에 든 생각은 정말 자유로워서 좋다는 것이었다. 지금까지 미팅을 해본 여러 플랫폼 중 가장 자유도가 높은, 말 그대로 비완벽주의에 가까웠다. 대부분 강의를 촬영하는 장소에 대한 제약도 존재했는데, 이곳에서는 집이든 사무실이든 스튜디오든 다른 어떠한 곳이든 상관없다고 했다. 강의 주제, 강의 수, 강의 길이에 있어서도 강사가 수강생에게 전달하고 싶은 메시지를 온전히 담는 선에서는 아무런 터치도 없었다. 추가 강의도 유튜브에 영상을 올리는 방식만큼 간편했고, 언제든지 자유롭게 가능했다. 오히려 수강생들의 만족도를 더 높이 끌어낼 수 있다며 권장했다. 심지어 상세페이지에 대한 기획을 해서 드리니 반나절 만에 완성된 이미지로 업로드까지 마무리가 됐다.

클래스유는 정말 빠르게 가설을 세우고 테스트를 반복하여 앞으로 치고 나갔다. 이 전략으로 10만 구독자 이상 되는 떠오르는 유튜버들을 대거 강사로 영입시킬 수 있었다. 강의가 잘 팔리는 건 전부 가설일 뿐 결국 론칭해봐야 안다. 이번 입점을 통해 클래스유 대표님이 비완벽주의를 깊게 이해하고 계신 모습이 보였다. 이 방식대로 플랫폼에서는 강사와 수강생 두 부류에 최고의 혜택을 주었다.

플랫폼 입장에서는 강의 준비 기간도 돈이다. 완벽을 위해 론칭이 늦어지는 만큼 손해가 발생한다. 최대한 빠르게 강의를 열어 판매기간을 최대치로 만들고 잘 팔리는 강의의 비율을 높여 총매출을 늘려갔기에 손실을 최소화시킬 수 있었다. 그러니 상대적으로 보자면 타 플랫폼에 비해 비용이 덜 들 수밖에 없다. 이 방식대로 절감한 비용은 강사들에게 돌아가도록 홍보링크 시스템을 도입했다. 강사들이 직접 마케팅을 한 링크를 타고 구매를 하면 8:2 비율로 더 많은 수익을 얻을 수 있는 구조다.

또한 수강생 입장에서는 퀄리티가 높은 강의를 더 저렴한 가격에 들을 수 있도록 합리적인 가격이 형성된다. 그렇게 내가 수년 동안 진행해온 모든 교육과정 중 가장 비완벽하게 준비를 했다. 친구에게 카메라 하나를 빌리고 조명 두 개를 사서 집에 설치한 뒤 바로 촬영했다. 2주 만에 빠르게 나온 42개의 영상강의로 얼리버드 기간 동안 1억에 가까운 매출을 올릴 수 있었다. 또한 강의를 론칭함과 동시에 환불공약으로 내세웠던 3개월 만에 월 300만 원 수익을 올린 수강생도 등장했다. 지금까지도 단 한 명의 환불 없이 계속해서 이 성과는 이어져 나가는 중이다.

여기서 주의해야 할 점은 비완벽주의를 대충하는 것으로 착각해선 안 된다는 것이다. 비완벽도 완벽과 마찬가지로 기준선이 없기에 충분히 발생할 수 있는 일이다. 그렇기에 우리는 오직 결과로만 판단해야 한다. 30%, 50%, 70%로 내가 들이는 노력의 양을 조절하고 이렇게 해서 나온 결과물의 반응을 측정해 성과지표를 만들자. 그리고 여기서 조금 더 힘을 뺄지, 더 들일지를 조정해야만 대충하는 것과 비완벽주의의 차이를 직접 이해할 수 있을 것이다.

매출이 늘면 늘수록 완벽주의가 심해지는 경향이 있다. 이미 해본 건 재미없기에 더 완성도 높게 준비해서 모두가 놀랄 정도로 결과를 팡 터트리려는 욕심이 생긴다. 그러니 준비를 철저히 해야 한다는 마음이 자연스럽게 들게 된다. 완벽이라는 것도 나의 기준이기에 어찌 보면 자기중심적인 생각일 수도 있다. 돈은 소비자의 지갑에서 나오기에 완벽하다는 말도 내가 아닌 고객으로부터 들어야만 한다.

나에게 콘텐츠 마케팅 컨설팅을 받은 한 수강생분은 스마트폰으로 촬영하고 편집한 유튜브 영상을 올려 300만이 넘는 조회수를 기록했다. 누구는 수백만 원을 들여 카메라와 마이크 장비부터 사고 있을 때, 누구는 별다른 장비 없이 콘텐츠에만 신경을 써서 결과를 만든다.

비완벽을 통해 빠르게 실행하자. 돌아오는 피드백을 주의 깊게 듣고 이를 반영해서 계속해서 완벽에 가까워지는 속도를 높여야 한다.

4

99.9% 중도하차의 이유, 몰입

지금 이 세상엔 돈을 벌 수 있는 방법이 너무나 많다. 아이러니하게도 이러한 상황이 사람들을 더 쉽게 포기하도록 여건을 만들었다. '이 일이 아니어도 다른 걸 하면 돼'라는 생각으로 다들 쉬운 일만 찾아다니는 게 현실이 되었다.

쿠팡파트너스, 전자책 판매, 블로그 체험단, 공동구매 등 부업만을 전문으로 다루는 유튜버도 등장했고 이와 관련된 책과 강의도 있다. "일단 해보고 안 되면 다른 걸 하자"라며 플랜B를 준비하고 시작하면 될 일도 안 된다.

돈을 벌기 위해서는 사실 어떠한 필드에 가더라도 상관없다. 실제로 최근에 인스타그램 공구로 월 8000만 원의 순수익을 버는 분이 마케팅 컨설팅을 받고 싶다며 나를 찾아왔다. 공구는 흔히 인스타그램에서도 명품과 현금다발 사진을 도배하며 수익인증을 하는 경우가 많다. 이러한 이미지 때문에 부정적인 인식이 강해 많은 사람이 기피하는 사업 아이템이기도 하다. 그러한 부정적인 인식이 있는 와중에 누군가는 발만 담가보려는 목적으로 들어온 부업에, 이분은 인생을 던져 한 달에 1억에 가까운 돈을 벌고 있다. 이처럼 수많은 선택지 중 우리는 선택을 하고 몰입해야 한다.

선택과 집중이 중요해진 지금, 우리가 더 몰입하기 위해 환경이 그 어느 때보다 중요한 시대가 왔다. 무언가에 몰입하면 다른 것은 아무것도 안 보이는 사람이 있고, 다른 것을 다 배제해야 한 가지에 몰입할 수 있는 사람도 있다. 전자는 태생적으로 일에 미칠 수 있도록 타고난 외골수 같은 성격이다. 수많은 대표를 만나다 보면 성공에 대한 욕망이 도가 지나칠 정도로 강한 소수의 사람이 종종 보인다. '황새가 뱁새 따라가다 가랑이 찢어진다'라는 말이 있다. 나에 대해 잘 알고 영리하게 접근해야 실패 확률을 줄일 수 있다. 후자는 타고난 성격과는 상관없이 누구나 다 이렇게 일하는 게 가능하다.

환경을 통제해 일에 몰입할 수 있는 방법이 있다. 쉽게 설명하기 위해서 일상에서 한 번쯤은 접해봤을 헬스로 비유를 들어보겠다. 1월과 2월에 헬스장이 매출 최고치를 찍을 정도로 새해가 되면 많은 사람은 다이어트나 벌크업 등 자기 인생에서 가장 훌륭한 몸을 만들기 위한 신년 목표를 세운다. 그러나 운동을 할 수밖에 없는 환경을 세팅하지 않고 등록한 회원들은 2월이 지나고서 일주일에 한 번조차 운동하러 가지 않는 게으름뱅이가 된다. 이를 방지하기 위해서는 반드시 두 가지 측면으로 환경을 만들어야 한다.

첫째는 일에 몰입할 환경을 만들어 외부 방해를 차단하는 방법이다. 스스로 운동에 몰입할 수 있는 환경을 만든다. 언제든지 운동을 할 수 있도록 요가매트와 적당한 무게의 덤벨 한 쌍을 눈에 잘 띄는 곳에 두거나, 식욕을 절제하기 위해 냉동실에 빈 공간을 남기지 않고 닭가슴살로만 채우는 등의 방법이다. 다른 것에 신경이 팔리지 않도록 항상 몰입할 대상과 관련된 것들만 눈에 보이도록 해야 한다. 또한 SNS에 한 달 동안 다이어트를 할 테니 약속을 잡기 어렵다는 글로 결심을 선언하는 방식도 있다. 방해하는 사람들이 다가오지 않도록 의지력을 보여줌으로써 방어막을 치는 것도 방법이다.

둘째는 내가 아닌 주변인을 활용해 환경을 만드는 방법이다. 주변에 몸이 좋은 사람들만 있다면 운동이 당연해진다. 반대로 자주 만나는 사람 중에 술을 좋아하는 사람이나 먹는 걸 좋아하는 사람이 많다면 식단을 지키지 않는 게 일상이 되고 만다. 긍정을 채우고 부정을 배제하는 방식이다. 주변 사람을 나의 목표와 관련된 사람들로만 채워 환경을 구축한다. 그렇지 않은 사람들은 전부 멀리해야 한다.

다고 느낀다. 사실 무의식만으로 성공할 수는 없다. 하지만 돈이 들지 않는 최고의 자기계발이라고 할 수 있다. 그러니 무의식을 잘 활용한다면 초고속 성장을 하는 과정 중에 생기는 많은 불안에 대해 현명하게 대처해나갈 수 있다.

단기적으로는 비평가가 되어야 하고, 장기적으로는 예술가가 되어야 한다. 비평가로서 눈앞의 일들을 비관적으로 바라보며 문제가 없는지를 파악해야 한다. 그다음 개선점을 발견해 수정과정을 거쳐 더 완성도 높게 마무리하는 데 집중해야 한다. 장기적으로는 예술가처럼 형식에 얽매이지 않고 상상력을 동원해 자신이 되고 싶은 모습을 마음껏 그려낸다.

이를 위해 우리 머릿속을 긍정으로 도배시켜 무의식을 최상의 상태로 만들어놔야 한다. 공부를 하는 학생이든, 회사에서 일하는 직장인이든, 일한 만큼 벌어가는 영업자나 프리랜서든, 세상에 가치를 창출하는 사업가든 상관없이 누구에게나 통용되는 말이다. 둘 중 하나에 치우치는 것이 아닌 둘 다 챙겨서 밸런스를 잡아야 한다.

Chapter 3

월 500만 원 돌파의 무기, 포커싱

이 시기에는 경쟁업체들을
멀리 추월할 수 있는 큰 그림까지 그릴 수 있다.
답이 될 만한 가설을 세우고 수정을 한 뒤
다시 데이터를 측정해야 한다.
다음 가설은 더 높은 확률이 나오도록 해야 한다.

추가상품을 새로 론칭해 묶음 상품으로 많이 팔거나, 이 둘 중 하나는 반드시 이뤄져야 소비자들에게 저렴하지 않은 이유에 대한 명분을 제시할 수 있다.

나는 이 당시에 '블로그 글쓰기'라는 한 가지 역량만을 크게 강화했다. 시중에 있는 글쓰기와 관련된 자료는 전부 다 찾아보았다. 이를 통해 흡수한 지식을 기존에 가지고 있었던 세일즈 능력과 접목시켜, 잘 팔리는 글쓰기에 대한 나만의 공식들을 만들어갔다. 이 글쓰기는 블로그와 연관되어야 마케팅에서 큰 힘을 발휘할 수 있다고 생각했다. 그래서 조회수, 공감, 댓글의 세 가지에서 놀라울 만큼 커다란 성과를 낸 수백 가지 블로그 성공사례를 찾아 연구했다. 그중 벤치마킹하고 싶은 블로그 글은 처음부터 끝까지 필사하는 데 많은 시간을 썼다. 이 과정을 계속 반복하며 잘되는 블로그들의 공통점을 찾고, 더 디테일한 영역까지 다루어 심화적인 내용의 블로그 글쓰기 교육자료를 만들었다.

그렇게 블로그와 관련된 서비스를 영상강의 외에도 1:1 첨삭 컨설팅, 30일 그룹코칭, 사전진단 등 세 가지 상품을 추가 론칭했다. 수요와 공급의 법칙대로 시간이 가장 많이 들어가는 1:1 첨삭 컨설팅의 가격을 기본상품 가격의 2배 이상으로 높였다. 그럼에도 초과수요가 나올 정도로 잘 팔렸다. 그 이유는 한 가지 역량이 압도적으로 강화되어 나의 상품이 시장에서 점점 대체 불가능한 존재가 되어갔기 때문이다. 그렇게 역대 최고 매출을 찍고, 월 500만 원 수익 구간을 단번에 돌파했다.

이제껏 우리는 가격경쟁력과 성실함으로 시장 전체 파이의 일부분만 먹을 수 있었다. 이 시기가 지나면 메인 능력을 압도적으로 잘함으로써 '비싸게'와 '많이'라는 두 가지 전략을 통해 2배 이상 더 큰 시장의 파이를 가져갈 수 있게 된다. 이를 통해 경쟁업체들을 멀리 추월할 수 있는 큰 그림까지 그릴 수 있다.

역량은 절대적인 측정을 할 수 없기에, 이를 높이기 위해서는 반드시 데이터가 기반되어야 한다. 대충 어림잡아서 '이 정도면 능력이 많이 성장했다'라고 스스로 생각하면 안 된다. 돈은 소비자의 지갑에서 나오므로, 나의 역량이 이들에게 만족감을 선사했는지를 수치화해 객관적으로 평가해야 한다. 계속해서 관련 지표와 통계치를 수집하는 습관을 들이도록 하자.

나 또한 이를 파악하기 위해서 블로그에 적는 글의 분량을 짧게, 길게, 적당히 등 세 가지로 골고루 적어봤다. 퍼스널브랜딩을 강화하기 위해 내 생각을 담은 글, 정보를 제대로 전달하는 팩트 기반의 글 등 다양한 성격의 글을 수차례 포스팅하며 데이터를 모아나갔다. 특히나 구매와 직결되는 상세페이지는 적어도 100번은 수정했던 것 같다. 그 결과 블로그를 잘하기 위해서는 글을 잘 써야 한다는 결론이 나왔다. 최근 업데이트된 체류시간이 높으면 더 좋은 글이라고 판단한다는 네이버의 다이아로직과도 맞아떨어졌다.

여러 강사가 블로그에 대한 엄청난 비밀을 알고 있는 것처럼 그 비결을 이야기한다. 하지만 가장 중요한 것은 하나의 글을 처음부터 끝까지 읽고 다른 글까지 추가로 읽게 만드는 힘이다. 그건 결국 독자의 심리를 자극하는 필력이다.

그다음으로 해야 할 일은 분석이다. 수집된 통계자료는 단지 숫자일 뿐이다. '아, 그렇구나' 하고 넘어가는 게 아닌 '왜 이런 결과가 나왔을까?'라는 질문에 대한 가설을 세워야 한다. 그러기 위해 우선적으로 더 많은 질문을 해야 한다.

'왜 고객들이 마케팅 퍼널(Funnel, 소비자를 단계적으로 구매까지 연결하는 도구)로 만들어둔 시리즈 글 중에서 두 번째 단계에서 이탈했을까?'

'왜 이 포스팅은 평균 대비 조회수가 바닥을 칠 정도로 인기가 없을까?'

'왜 필살기로 콜 투 액션(Call to action, 반응을 유도하기 위한 마케팅 장치)을 심어놓은 곳에서 신청받은 상담 수가 저조할까?'

이에 답이 될 만한 가설을 세우고 수정을 한 뒤 다시 데이터를 측정해야 한다. 그리고 이걸 전부 한 곳에 기록하고 비교해서 다음 가설은 더 높은 확률이 나올 수 있도록 만들어야 한다. 이를 반복하며 계속해서 효율을 찾아나가면 새는 구멍이 하나씩 사라져 더 큰 효율이 발생하게 된다.

이렇게 역량을 강화시킨 뒤 소비자들에게 검증이 되었다고 판단이 드는 순간, 같은 방식대로 두 번째 핵심역량을 키워나가야 한다. 최소한 두 가지 이상은 남들보다 압도적으로 잘할 수 있어야 비슷한 과정을 거치는 경쟁자들이 따라오지 못할 수준이 된다.

2

집단지성은 ×2가 아닌 제곱으로 발전한다

"혼자 가면 빠르게 갈 수 있고, 같이 가면 더 멀리 갈 수 있다"는 말이 있다. 지금까지 혼자서 이룬 성장이 2로 곱한 결과를 가져왔다면, 집단지성을 통한 초고속 성장은 제곱의 결과를 가져올 수 있다.

나는 사업을 시작한 초창기에 우울증에 걸릴 것만 같았다. 직원도 없이 집에서 혼자 일하고, 결과에 대한 책임도 스스로 져야 했기 때문이다. 이 상태가 몇 개월 지속되었으면 잘나가는 연예인들이 그러하듯 병원에서 치료를 받는 일이 벌어졌을지도 모르겠다. 대표는 고독한 위치다. 고독함을 이기기 위해 죽기 살기로 열심히 살았지만 변하는 건 하나도 없었다.

그러다 우연히 이 시기에 가깝게 지내던 투자를 하는 친구와 유통을 하는 형이 진행한 모임에 참여한 적이 있다. 여기서 집단지성을 끌어올릴 수 있는 획기적인 방식을 접했다. 그 이후부터 매일 설레는 마음으로 하루하루를 맞이했다. 어떠한 문제가 오더라도 해결할 수 있겠다는 자신감도 더 강해졌다. 몇 날 며칠 동안 끙끙 앓으며 진전 없이 고민했던 문제들이 여러 사람과 함께 아이디어를 모으다 보면 신기하게도 1분 만에 해결되는 경험을 자주 했다.

실제로 내가 운영하는 단톡방에서도 이런 일들이 있었다. 판매에 대한 고민이 있는 수강생이 질문을 올리면 함께하는 수백 명이 집단지성을 발휘한다. 그렇게 나온 수십 개의 답변을 종합하니 문제가 단번에 해결되기도 했다.

하지만 집단지성은 수백 수천 명이 있는 단톡방보다는 조금 더 소규모일 때 더 큰 힘을 발휘한다. 보통 사람이 많은 곳에서 인사이트를 줄 수 있는 고수가 나오는 건 드문 일이다. 대부분이 가벼운 마음으로 몇 초 만에 떠오르는 생각을 던져보는 피드백을 해줄 수밖에 없다. 반대로 소규모의 사람들이 모이면 조금 더 결속력이 강하기에 서로의 관계가 끈끈해진다. 한 사람이 문제를 내놓으면 나머지 사람들도 깊게 고심해서 피드백을 해줄 수 있다. 이 소규모 인원을 모으기 위해 5명 안쪽의 인원으로 구성된 스터디를 해보는 걸 강력하게 추천한다.

경험에는 직접경험과 간접경험의 두 가지가 있다. 하루 24시간은 모두에게 공평하기에 모든 일들을 직접 경험한다면 1천 시간

주며 발전적인 관계로 지내고 있다.

주간계획 스터디의 핵심과 실행방법

주간계획 스터디에서 얻을 수 있는 효용은 크게 두 가지로 볼 수 있다.

첫째, 집단지성을 통해 의지력을 키운다. 혼자서 하기보다는 남들 앞에 선언하며 더 강한 의지력을 발휘할 수 있다.

둘째, 집단지성을 통해 문제 해결의 통찰력을 기른다. 내가 풀어야 할 문제를 다른 사람의 통찰력을 빌려 해결한다는 실질적인 효과가 있다. 또한 다른 사람의 문제에 나의 통찰력을 발휘해 해당 문제에 대한 간접 경험까지 쌓을 수 있다. 이는 또다시 나의 문제에 적용할 수도 있는 귀중한 경험이 될 것이다.

이렇게 집단지성을 끌어올릴 수 있는 주간계획 스터디는 반드시 사전에 몇 가지 규칙을 정해놓고 진행해야 한다. 그 규칙은 다음과 같다.

첫째, 모임을 주최한 스터디장은 앞으로의 일정과 미참가 시의 패널티를 정한다.

보통 스터디가 와해되는 경우는 우선순위가 개인의 일정에 뒤로 밀려 구성원의 참가가 부진해지는 경우다. 한 명이 나태해지면 부정적 기운이 다른 사람에게까지 빠르게 퍼져 전체의 의지력이 반감된다. 애인과의 데이트나 그날의 몸 컨디션이 스터디 일정보다 우선이라면, 당연히 이 스터디에서 세운 미션에도 불성실하게 되기 마련이다.

이를 막기 위해 미션을 수행하지 못하는 경우 패널티를 부과해야 한다. 그중에서도 벌금을 부과하는 제도가 가장 효과적인데, 욕망이 게으름을 이길 수 있도록 하기 위함이다. 의지력을 높이기 위해 이 방법, 저 방법 다 써봤지만 의지를 돈으로 사는 것만큼 효율적인 건 없었다. 돈이 나가는 게 아까워서라도 없는 시간을 만들어 실행하도록 하는 방식이다. 손실이라는 요소를 통해 참여율을 높인다. 손실을 피하기 위해 자발적으로 움직이고 시간 관리에 노력하는 효과도 있다. 실제로 자는 시간과 일어나는 시간을 30분씩만 단축하거나, 평소에 스마트폰 보는 시간을 10분씩만 줄여도 모든 미션을 다 클리어할 수 있다.

나는 총 50만 원짜리 주간을 실행하기 위해 건당 10만 원으로 잡는다. 이 금액이 부담스러운 사람들은 5만 원 정도로 해도 좋다. 하지만 1만 원, 2만 원은 식사 한 끼, 야식 한 번 덜 먹는 정도의 부담이다. '그냥 벌금 내고 이번만 무사히 넘어가자'라는 안일한 마음이 들 수 있다. 그 외에도 연차·탈퇴·지각 제도를 통해 스터디가 운영되는데, 스터디 그룹 운영이 어려워지자 참여가 너무 저조해지지 않도록 하는 장치들도 마련해야 한다.

스터디장은 스터디원의 벌금을 반드시 제시간에 걷고 이를 투명이 소요된다. 시간 관계상 스터디원은 3~5명이 가장 좋다. 스터디장은 2시간가량의 미팅을 질질 끌지 않고 자연스럽게 흘러갈 수 있도록 관리해야 한다.

나의 경우에는 돌아가면서 소감을 발표하고, 질문을 주고받는 시간에 적당한 선에서 자르는 역할을 했다. 한 사람의 이야기에 너무 많은 시간이 들이지 않기 위함이다. 그리고 질문에 답변할 때는 조금 더 유용한 정보가 나올 수 있도록 꼬리물기 유도 질문을 통해 모두에게 도움이 될 수 있도록 만들었다.

이렇게 보면 스터디장이 해야 할 일들이 많아 귀찮게 느껴질 수도 있다. 하지만 모임을 리드하는 경험을 통해 사람을 다루는 능력을 크게 키울 수 있다. 운영비용의 명목으로 월간 스터디 회비를 통해 소소한 용돈벌이를 할 수도 있을 것이다.

당신 주변에 빠르게 성장하고 싶어 하는 사람들을 두자. 일주일, 한 달 하고 그만둘 것이 아닌 몇 년 동안 지속될 긴 레이스이기에 과정 중에 지치지 않아야 한다. 적당히 성장하려는 사람들과 이야기하다 보면 우리의 고민을 절대로 공감하지 못할 무언가의 벽이 있을 것이다. 이 스트레스가 속에 쌓여 뭉쳐지면 그게 전혀 예상하지 못한 어디론가 표출될 것이다. 한 번도 해본 적은 없어도 한 번만 하는 사람도 없는 게 스터디다.

내가 직접 운영하는 '마케팅 부자들'이라는 네이버 카페에는 배움을 원하는 수천 명의 회원이 가입해 있다. 나는 이곳에서 초고속 성장을 하려는 더 많은 사람을 모을 것이다. 당신도 이 안에서 뜻이 맞는 스터디원을 모집해보기 바란다.

스터디 그룹은 성장과 관련된 집단지성을 최고치로 끌어올릴 수 있는 가장 쉽고 빠른 방법이다.

3

시간적 한계를 박살내는 멀티유즈

콘텐츠 업계 용어로 '원 소스 멀티유즈(One Source Multi Use)'라는 말이 있다. 마케팅으로도 사용하는데, 하나의 콘텐츠를 글·사진·영상의 형식에 맞게 변형해서 같은 내용을 각기 다른 여러 SNS 채널에 업로드 하는 방식의 홍보기법이다.

개개인이 자주 보는 SNS는 제각각 다르다. 이를 고려해 어딜 가든 볼 수 있도록 전 채널에 업로드 한다면, 하나의 콘텐츠를 만드는 공력으로 더 많은 사람에게 노출해 마케팅 효과를 증폭시킬 수 있다.

그런데 이 원 소스 멀티유즈는 콘텐츠 업계나 마케팅에서만 쓰이는 기법이 아니다. 나는 1인 기업으로 일하면서 몸이 하나라는 걸 극복하기 위해 다양한 방법을 시도했다. 이 원리를 그대로 활용해 하나의 소스를 더 다양한 필드에 적용할 수 있는 방법을 찾았다. 지금도 모든 걸 멀티유즈 하려고 시도하는 중이다. 그중에서 스토리와 포트폴리오, 두 가지에 집중해 교육업에서 활용하고 있다.

원 스토리 멀티유즈(One Story Multi Use)

브랜드블로그 광고대행사를 시작으로 하나의 스토리를 바탕으로 여러 가지 교육상품을 론칭했다. 하나의 스토리가 다양한 곳에 쓰이면 서로에게 연쇄적으로 긍정적인 영향을 줄 수 있다.

① 브랜드블로그 운영법 교육

스토리 광고대행사에서 실제로 판매되는 브랜드블로그 상품의 블로그 운영법을 한 회사의 대표나 자신이 노력한 만큼 벌어가는 프리랜서들에게 가르친다. 아직 규모가 크지 않은 경우에는 상대적으로 여유가 있으니 별도의 광고비를 들이지 않고 직접 마케팅을 할 수 있는 능력을 탑재할 수 있다.

② 잘 팔리는 글쓰기 교육

스토리 글에 머무는 체류시간을 높게 평가한다는 네이버의 최신 로직에 의해 블로그는 결국 글을 잘 써야 상위노출로 이어질 수 있다. 또한 글을 잘 쓴다면 어느 사업 필드에서든 활용할 수 있기에 앞으로 뭘 하든 이기는 게임을 할 수 있다. 글을 어떻게 써야 잘 팔리게 만들 수 있는지 가르친다.

③ 서비스 기반 무자본 창업 교육

스토리 자신이 잘 알고 있는 지식을 강의나 전자책으로 상품화시켜 판매하면 노트북 하나로 방구석에서 무자본으로 창업을 할 수 있다. 상품이 아닌 서비스를 판매하는 사업은 모두 다 이 원리를 통해 돌아간다. 사업을 어떻게 시작해야 하고 자동화시키는지까지 가르친다.

④ 온라인 세일즈 교육

스토리 온라인 마케팅으로 웹상에서 24시간 동안 문의를 받고 고객이 마지막으로 결제를 고려하는 단계에 세일즈 장치 하나만 추가하면 구매전환율을 비약적으로 상승시킬 수 있다. 시간적·공간적 제약을 극복하기 위해 고객이 직접 찾아오거나 원격으로 진행하는 미팅 시스템으로 판매하는 방식을 가르친다.

블로그로 시작했지만 세일즈까지 스토리가 쭉 이어지는 걸 볼 수 있다. 조금만 가능성을 열어두면 하나로 이보다 더 다양한 활용 방안을 발견할 수 있다.

원 포트폴리오 멀티유즈(One Portfolio Multi Use)

마케팅 교육만을 했다면 판매와 관련된 하나의 포트폴리오만 나왔을 것이다. 나는 마케팅을 넘어 사업까지 교육영역을 확장했으니 더 많은 수강생을 모집하기 위해 각각의 분야에서 나온 포트폴리오가 더 필요했다. 여러 교육을 수강한 한 명의 수강생을 대상으로 글쓰기, 블로그, 세일즈, 서비스 사업 각 분야에 맞춤형으로 조금 더 밀착해서 코칭함으로써 그에 맞는 포트폴리오를 추가로 뽑아낼 수 있었다. 게다가 하나가 아닌 다양한 교육이 믹싱될 경우 더 드라마틱한 성과가 나올 가능성이 높아진다.

단순히 포트폴리오 하나를 돌려 쓰는 거 아니냐고 생각할 수 있다. 하지만 각자의 영역에서만 특화되어 힘을 발휘하는 지식이 존재한다. 마케팅의 경우 제목만 바꿔도 조회수의 단위가 달라지고, 표현방식 몇 개만 바꿔도 구매전환율이 올라간다. 사업의 경우 마케팅 퍼널 구조만 바꿔도 매출이 뛰고, 경영방식만 바꿔도 하는 일을 반으로 줄일 수 있다. 그렇기에 나와 수강생을 통해 만들어낸 성과들을 사업과 마케팅 두 가지에 나눠서 콘텐츠를 만든다. 사업적 성과는 '클래시파이드'에서, 마케팅 성과는 '네블스쿨'에서 활용한다. 이렇게 최소한의 에너지를 투입해 두 가지 이상의 포트폴리오를 만들어낼 수도 있다.

예를 들어 당신이 읽고 있는 이 책을 판매하는 프로젝트에 원 스토리 멀티유즈와 원 포트폴리오 멀티유즈를 대입해보자. 지식을 수익으로 만드는 대표적인 방법은 책을 내는 것이고, 책 출간으로 얻는 수익은 판매로 얻는 인세 소득을 떠올리지만, 그 외에도 추가로 크게 다섯 가지를 얻을 수 있다.

① 전문가로서의 신뢰도 향상

사람들은 자신의 지식을 책으로 써본 작가를 더 전문가로 인정하는 경향이 있다. 책을 출간하면 동시에 네이버 인물검색의 도서 영역에 업데이트가 된다. 이를 통해 높은 신뢰도가 보장된다. 또한 운영하는 모든 SNS에 작가로서 활동한다는 글을 남긴다면 하나의 포트폴리오를 활용하여 권위를 한층 더 올릴 수 있다. 이렇게 향상된 권위의 낙수효과로 다른 교육 서비스들의 판매량에도 긍정적인 영향을 미치게 된다. 집필을 하는 것 자체로 자신이 아는 것을 체계화하고 새롭게 정리해서 이해도를 더 높이는 효과도 있다.

② 강연 요청 증가

콘텐츠를 글로 보는 것과 당사자에게 직접 육성으로 듣는 건 받는 에너지에 있어 큰 차이가 있다. 특히 청자 입장에서 더 명확하게 전달받는다는 장점이 있다. 책을 출간하면 북콘서트를 열거나 외부 강연에 섭외받아 독자들과 만날 수 있다. 특히 기업에서는 사내교육 자료로 활용하고자 도서를 선정하고, 저자에게 강연을 요청하는 경우도 많다. 강연 자체로 수입이 발생하지만 이 역시 또 다른 기회로 이어질 확률이 높다.

③ 인터뷰 채널 라운딩

배우들은 자신이 출연한 작품이 나오면 지상파 예능, 라디오, 유튜브를 돌며 홍보하는 모습을 볼 수 있다. 작가도 이와 마찬가지로 유튜브 채널 중 인터뷰만 전문으로 하는 곳을 순회하면 초기판매량을 극대화시킬 수 있다. 이와 동시에 수만 명의 사람들에게 노출되니 인지도가 커져 몸값은 더 높아진다. 책을 출간한 초기에 저자에 대한 관심이 가장 많이 쏠리는, 작가의 인지도가 최고로 펌핑된 시기라고 할 수 있다. 이제 막 책이 나왔기에 저자는 할 수 있는 말들이 많은 상황이고, 채널 운영자의 입장에서는 평균 이상의 완성도를 뽑아낼 수 있으니 모두 윈윈 할 수 있다.

④ 출판 전문 광고대행사

앞에서 나는 자회사로 출판 광고대행사를 론칭했다고 이야기했다. 보통은 광고대행사가 책 출간 뒤에 책을 검토해서 홍보를 하기 때문에, 출간 직후부터 홍보를 하기까지는 다소 시간이 걸린다. 하지만 계열사의 지분을 받은 매니저님이 원고를 먼저 확인했기에, 본 책의 마케팅을 할 때는 더 다양한 콘텐츠를 빠르게 뽑아낼 수 있다. 또한 마케팅에 쓰일 콘텐츠의 내용 측면에서도 저자의 저작권 영향을 받지 않아 더 공격적이고 자율적으로 만들 수 있다. 출판사로부터 제공받는 책이 있기에 이를 활용해 무료 나눔 이벤트까지 할 수 있다. 이 방식을 제대로 이해해서 하나만 성공시켜도 그때부터는 광고대행사를 복제하는 것까지 가능해진다.

⑤ 책 쓰기 클래스

종이책을 베스트셀러로 올리는 모든 과정을 기록해 노하우로 정리한다면, 이것을 강의로 만들어 '베스트셀러로 직행하는 종이책 만들기 교육과정'을 운영할 수도 있다. 이미 책을 펴내는 데 필요한 표지 디자인과 교정교열이 가능하고, 종이책을 홍보할 광고대행사도 구축되어 있다. 필수적인 일부터 마케팅까지 올인원으로 제공하는 고가의 서비스가 될 수 있다. 인지도가 높고 바쁘신 분들은 대필까지 생각을 해봐도 좋을 것 같다. 완성원고만 출판사에 전달하는 방식으로 여러 곳과 협업을 맺으면 많은 일을 대신하기에 저자에게 인세가 더 많이 나올 수 있는 구조까지 만들 수 있을 것이다.

1차원적으로 생각하면 책 판매로 발생하는 적은 인세 소득밖에 얻지 못한다. 사고를 확장하면 책 한 권으로 무수히 많은 일과 상당한 부가수익을 만들어낼 수 있다.

멀티유즈는 몸이 하나라는 제약을 극복할 수 있는 획기적인 방법이다. 조력자를 찾아보기 전에 반드시 하나의 소스로 여러 개를 만들며 작업량의 한계치를 더 높이는 경험을 해야 한다. 이번 장에서 소개한 원 소스 멀티유즈, 원 스토리 멀티유즈, 원 포트폴리오 멀티유즈뿐만 아니라 자신의 영역에서 하나의 소스로 N개의 영역에 활용할 수 있도록 계속해서 모든 걸 멀티유즈 할 수 있는 방법을 찾아보자.

사업가들끼리 돈을 모아 하나의 사무실을 임대해 공동으로 사용할 수도 있고, 한 명의 직원을 뽑아 공동으로 디자인과 편집 일을 맡길 수도 있을 것이다. 조금만 가능성을 열어두면 하나로 이보다 더 다양한 활용방안을 발견할 수 있다.

4

효율충은 죽었다 깨어나도 이길 수 없다

초고속 성장으로 가는 지름길은 있지만, 순간이동을 하는 마법 같은 방법은 없다. 한국인의 특성 중 가장 대표적인 것은 '빨리빨리'다. 빠른 것을 그 누구보다 좋아한다. 음식점에 가서 예상했던 대기시간보다 조금만 늦어져도 "음식 언제 나와요?"라는 짜증 섞인 말이 나오는 걸 흔하게 볼 수 있다. 속도는 돈 버는 일에서 가장 적나라하게 드러난다. 유튜브에 '돈 버는 법'이라고 검색을 하면 '방구석에서 하루 일당 버는 부업' '하루 1~2시간으로 매달 300만 원 추가로 버세요' '인터넷 기사만 봐도 월 277만 원' 등 큰 노력 없이 빠르게 돈을 벌 수 있다는 자극적인 제목과 썸네일이 가장 조회수 높은 영상들에서 사용된 것을 볼 수 있다.

누구나 쉽게 할 수 있는 일은 그만큼 경쟁이 많아서 시장 또한 쉽게 포화상태가 될 수 있다는 말이기도 하다. 별 노력을 들이지 않고 돈을 벌 수 있는 방법을 기대하기보다는, 내가 통제할 수 있는 비즈니스 영역에서 수익 효율을 높이는 데 초점을 맞추는 것이 오랫동안 꾸준히 성장할 수 있는 유일한 길이다.

생산성을 높이는 데는 큰 효율과 작은 효율이 있다. 각각 내가 실제로 효율을 극대화시키는 방법 두 가지씩을 설명해보겠다.

큰 효율 - 레드오션 전략

인생역전을 노리는 사람들은 판매할 아이템을 선정할 때 블루오션을 찾는다. 세상에 없던 걸 창조해 시장의 판도를 바꿔 대박을 내길 기대한다. 이러한 케이스는 스타트업의 유형에 가깝다. 'eo'라는 스타트업 전문 유튜브 채널에 출연하는 성공한 대표들의 인터뷰를 보면 정말 많은 시간을 힘들어하고 버티다 수차례의 실패 끝에 성공을 거머쥔 상위 0.1%라는 걸 알 수 있다.

이러한 분들을 진심으로 존경하지만 내가 가려는 길은 이와 다르다. 나는 블루오션의 반대로 포화시장인 레드오션에 있는 아이템을 선정한다. 그런 뒤에 디테일을 강화시키고 차별점 한두 가지를 넣어 경쟁에서 살아남을 수 있는 전략을 세운다.

레드오션을 부정적으로 보자면 포화된 시장이라고 생각할 수도 있지만, 긍정적으로 보자면 검증된 시장이라는 의미이기도 하다.

이다. 나에게는 이 백색소음이 오히려 집중력에 도움을 준다. 실제로 백색소음을 들으면 알파파라는 뇌파가 증가하는데, 이 알파파는 정신을 집중할 때나 안정감을 취할 때 나온다. 이를 통해 집중력이 47.7%, 기억력은 9.6% 향상 효과가 있다는 연구 결과까지 있다. 한없이 조용한 공간에서 몇 시간 동안 머리를 싸매고 고민하는 것보다 이러한 백색소음이 약간씩 있는 공간에서 30분 정도 짧게 아이디어를 내는 방식에서 창의적인 생각이 더 많이 나올 때가 많다.

자투리 시간에 집중할 수 있는 사람은 남들보다 시간을 더 효율적으로 사용함으로써 가용시간이 비약적으로 늘어날 수 있다.

잠도 효율이다

내가 현재 살고 있는 집과 사무실은 도보로 3분 거리에 위치해 있다. 이를 통해 출퇴근에 들어가는 시간을 아끼고 틈틈이 가까운 집으로 돌아가서 쪽잠을 잘 수 있는 환경을 만들었다. 노력을 중시하는 한국 사회에서는 "잠은 죽어서 자라"는 극단적인 말도 한다. 나도 과거에는 잠을 4시간까지도 줄여봤지만 상당히 비효율적이었다. 어느 순간 눈에 초점이 풀리고 하루 종일 몽롱하며 집중이 안 되는 날이 많았다.

수면은 뇌의 노폐물과 독소 배출과 관련이 있다. 우리가 깨어 있을 때 사용한 뇌는 자면서 정보를 정리하고 통합시킨다. 수면을 줄이면 계속해서 찌꺼기가 남아 있는 채로 또 다른 무언가를 머릿속에 집어넣는 셈이다. 뇌에 들어온 정보들을 깔끔하게 정리할 수 없는 것이다.

물론 바쁜 일정이 있을 때는 시기를 정해 1~2시간 정도는 줄여도 일상생활을 하기에 그리 치명적이지 않다. 하지만 평균 수면시간을 3~4시간이나 줄일 경우 생산성은 확연히 떨어진다. 내가 쪽잠을 자는 이유는 일하면서 습득한 정보를 잠깐의 시간 동안 자면서 정리하기 위함이다. 짧은 수면이기에 깊게 잘 수 없는 반수면인 상태다. 눈을 감고 있는 와중에도 풀리지 않았던 문제를 해결해줄 아이디어가 떠오르면 이를 캐치하고 빠르게 스마트폰에 메모할 때가 많았다. 이렇게 된다면 효율과 연관이 없어 보이는 창의력에서도 효율을 챙길 수 있다. 그래서 점심과 저녁밥을 먹으러 집에 갈 때 20분 정도 시간을 내어 침대에 누워 틈틈이 쪽잠을 자는 편이다.

우리는 모든 방면에서 효율을 찾아나서야 한다. 나의 일상적인 패턴을 잘 파악하고 비효율이 나오는 구간을 잘 찾아보자. 효율을 끌어올릴 수 있는 무수한 방법들이 나올 수 있다.

5

과로사를 막는 인적 레버리지

앞에서도 말한 것처럼 내가 추구하는 인생의 가장 큰 가치 1순위는 자유다. 언제든지 하던 일을 그만둘 수 있는 구조를 만들기 위해 수많은 노력을 한다. 경영과는 거리가 먼 성향 탓에 사업가 중에서도 굉장히 보수적인 편에 속한다. 특히 숨만 쉬어도 매달 통장에서 빠져나가는 비용에 대해선 더욱 신중하게 접근한다. 그 대표적인 예가 매달 청구되는 사무실 월세와 매달 인건비가 발생하는 직원 월급이 있다. 이때만큼은 예상되는 리스크들을 하나씩 따져가며 마지막까지 이 선택이 옳은 것일까를 깊이 고민한다.

'레버리지(Leverage)'란 지렛대를 이용해 실제 힘보다 몇 배 무거운 물건을 움직이는 것처럼, 일반적으로 금융투자에서 대출을 일으켜 실제 투자액에서 발생되는 수익금이 몇 배로 늘어나게 하는 현상을 말하는 경제용어다. 사업에서는 대출뿐만 아니라 거액의 투자자금을 받는 걸 의미할 수도 있지만, 그 끝은 남의 시간을 빌리는 인적 레버리지다.

한 단계 더 높이 성장하기 위해서 레버리지는 필수적이지만, 나는 비용 지출에 보수적인 입장이었기에 반감을 가지고 있었다. 그런 내가 남의 힘을 빌리는 레버리지를 배울 수 있었던 건 전적으로 위임을 해야만 하는 상태를 만들어 반강제적으로 나를 학습시켰기 때문이다. 일을 남에게 시키지 않으면 내가 과로사로 쓰러질 것만 같은 극단의 상황을 직접 만들었다. 나는 단지 조금 더 안정적으로 레버리지를 배우기 위해 먼저 환경을 조성했을 뿐이다. 여러분이 오해하면 안 될 것은 잠을 못 잘 정도로 죽을 듯이 일하는 건 절대 잘한다고 칭찬받을 일이 아니라는 점이다. 이러한 날들이 반복되어 직원이 아닌 대표가 번아웃에 빠지는 게 가장 큰 손실이라고 볼 수 있다.

극단적인 상황에서 겨우 감당할 수 있는 최대치의 업무량을 뽑아봤기에 직원 한 명을 채용하고도 남는 넉넉한 매출이 기반이 되었다. 그렇게 몇 번 레버리지를 일으키는 과정을 겪으며, 이제는 직원을 채용해서 오히려 스트레스가 절반으로 줄어들었고, 그럼으로써 할 수 있는 일들이 너무나 많아져 더 큰 자유를 얻었다.

완벽주의 성향에 빠진 사람들은 반드시 모든 일이 자기 손을 거쳐야 마음이 편하다. 하지만 더 큰 사람이 되기 위해서는 꼭 내가 그 일을 해야 할 필요가 없다는 마음가짐을 지녀야 한다. 진짜 똑똑한 사람은 자신보다 더 똑똑한 사람을 고용한다. 오히려 나보다 특정한 일을 더 잘하고 심지어 흥미를 넘어 희열까지 느끼는 사람이 있을 수 있다.

다른 사람에게 일을 시켰을 때 내 기준에 80%의 완성도만 나올 수 있다. 찝찝한 느낌이 들더라도 반드시 위임을 해야만 시간의 한계를 극복할 수 있다. 스스로의 몸값을 더 높게 생각하자. 그에 걸맞는 더 부가가치가 높은 일에 집중하며 전반적인 완성도를 올려야 100%를 뛰어넘는 결과가 나온다.

'레버리지는 회사를 운영하는 대표만 가능한 일 아닌가?'라고 생각할 수 있지만, 우리가 흔하게 가는 프랜차이즈 미용실에서도 헤어디자이너 곁에서 일을 대신해주는 어시스턴트가 있다. 디자이너는 한 회사의 대표는 아니지만 이 레버리지를 활용해 시간을 벌어 펌이나 스케일링 같은 부가가치가 더 높은 일에 집중할 수 있다.

이렇게 잘하는 역량에만 집중투자를 하는 건 우리가 돈을 쓰고 버는 현장 어디서든 볼 수 있다. 이번 장에서는 레버리지에 대한 이해를 더 쉽게 돕기 위해 회사 안에 있는 대표와 직원의 사례를 들어보겠다. 이 원리를 제대로 이해한다면 직원을 채용하든, 동업을 하든, 협업을 하든, 외주를 맡기든 나 대신 일을 도와주는 사람이 생기는 모든 일에서 큰 도움을 받을 수 있다.

많은 사업가를 만나봤지만 비슷한 고민을 듣곤 한다. 바로 인사 문제가 너무 어렵다는 것이었다. 인적 레버리지를 일으키려 직원을 뽑았는데, 일은 못하고 돈은 돈대로 나가니 회사가 제대로 굴러가지 않아 문제가 생긴다는 것이다. 인사 문제는 인간관계와도 밀접하게 관련되어 감성으로 접근할 수도 있지만, 대표는 이성으로 판단해야 하는 위치이기에 아무리 기다려도 직원이 성장하지 못한다면 퇴사를 권고할 수밖에 없다.

반대로 직원이 일을 잘하기만 하면 애초에 예상했던 인적 레버리지 효과를 얻을 것 같지만, 이런 경우에서도 문제가 발생한다. 직원이 역량을 인정받아 다른 곳으로 이직하거나 그간의 데이터를 가지고 나가 독립해서 자신의 업체를 차린다면 더 큰 문제가 생길 수 있기 때문이다. 그렇기에 인사 문제는 어느 한쪽으로 치우쳐 판단할 수 없는 대단히 고민스러운 일이다.

많은 책에서 인적 레버리지를 활용하라고 권유한다. "시간이 없으면 내 몸을 복제하라"는 말이다. 말은 쉽지만 제대로 활용하지 못한다면 오히려 더 많은 일을 만든다. 수습하는 데만 두 배 이상의 정신적·육체적 에너지가 들어가 시간이 더 없어지는 역설적인 상황이 펼쳐지기도 한다.

첫째는 단순히 '앞으로 이런 비전을 이룰 것'이라고 정해서 통보하는 것이 아니다. 비전을 실현해가는 중이라는 걸 보여줘야 한다. 결과 없이 비전만 앞세운다면 직원들은 시간이 지날수록 그 비전이 이뤄지지 않을 망상이라고 느끼게 된다. 그래서 꼭 실현이 되지 않더라도 점점 거기에 가까워지는 걸 보여줄 수 있도록 아주 작은 성취라도 계속해서 어필해야 한다.

'대표가 왜 비전 어필을 해?'라고 생각할 수 있지만, 회사의 비전이 대표의 머릿속에만 있다면 직원들은 죽었다 깨어나도 그것을 알 길이 없다. 공유할 거리가 생길 때마다 '우리가 만드는 이 회사에 내재된 잠재력은 상상 이상'이라는 것을 반복해서 먼저 알려야 하고, 이를 체감할 수 있게 해줘야 한다.

대표는 비전을 실현시키기 위해서 업무 외적인 영역에서 계속해서 배우고 적용하며 이를 반복해야 한다. 이 말은 대표는 실무를 많이 하지 말라는 뜻이기도 하다. 대표가 맨날 사무실에서 죽어라 일만 하면 회사를 유지시킬 수는 있지만, 직원들과 함께 앞으로 나아갈 수는 없다. 모든 조직원이 더 큰 세상을 경험하고 성장하며, 비전을 현실로 만들 수 있는 번뜩이는 아이디어를 가져와야 한다.

두 번째로 비전은 측정이 가능하도록 구체적으로 작성해야 한다. 목표와 비전을 구분지어 목표는 구체적으로, 비전은 추상적으로 정하는 대표님들을 많이 봤다.

"올해는 네블스쿨의 마케팅 교육을 통해 월 300만 원 버는 사람인적자원을 제대로 활용할 수도 없다.

그러니 경영능력은 한 달에 평균적인 신입 세전 월급 200만 원을 수업료로 내가며 직접 겪으면서 배운다고 생각하길 바란다. 비용이 부담된다면 잡무를 대신할 수 있는 파트타임 아르바이트라도 재택직원으로 뽑아 하루에 3시간씩이라도 운영해보는 작은 시도를 하며 계속해서 연습해야 한다.

대표의 능력과 그릇도 자신의 일을 함에 있어 큰 영향을 끼치는 요소이지만, 초기 멤버와 핵심 멤버를 잘 관리할 수 있는 인사경영 능력은 미래의 성패를 좌우한다.

우리는 경영에 있어서도 역발상을 해야 한다. 상식적으로 생각하는 사람은 비상식적으로 사고하는 사람을 절대 이길 수 없다. 상식을 뒤집으면 감히 상상하지 못했던 기회들을 마주할 것이다. 머리를 싸매고 시간을 투자해야 더 근사한 창의적인 아이디어를 내놓는 게 아니다. 무엇이든 한 번만 거꾸로 뒤집어서 생각하기만 하면 된다.

돈이 있어야 레버리지를 하는 게 아니라, 레버리지를 해야 돈이 생긴다고 생각하자. 그러니 추후에 압도적인 힘을 발휘할 수 있도록 레버리지 능력을 반드시 배워놓도록 하자.

6

공짜는 없다, 선 기버(先 Giver)의 원리

나는 인복이 매우 좋은 편이다. 사업을 할 때도 혼자 해결하기 버거운 문제가 있다고 하면 주변에서 발 벗고 나서서 도움을 주셨다. 다른 사람의 덕을 톡톡히 본 사례가 세 가지 있다.

첫 번째로 난생처음 책을 집필할 때, 해본 적이 없어 어떻게 원고를 풀어야 할지 몰라 난해한 상황에서였다. 뒤에서 초고속 성장 성공사례로 나올 10분에게는 단 한 번의 거절도 없이 흔쾌히 성공사례 수록 허락을 받았다.

두 번째로 현재 나의 법인사업체는 글로비 세무그룹에서 월 15만 원의 기장료를 내지 않고 무료로 세무관리를 받는 중이다. 가끔 세금과 관련 질문을 드릴 때마다 사례까지 전부 찾아서 안내해주시고, 심지어 1~2년 후의 절세플랜까지 컨설팅을 해주신다.

세 번째로 홈페이지의 디자인적 문제점을 보고 엔드스튜디오라는 홈페이지 제작업체에서는 수백만 원 상당의 홈페이지 리뉴얼을 무료로 해주셨다. 이에 그치지 않고 홈페이지가 제대로 돌아가는지 계속 점검을 해주신다. 다른 SNS 채널의 배너 디자인과 채널아트까지 홈페이지와 톤앤매너를 맞춘 디자인 시안까지 제작해주기도 한다.

이들은 왜 나에게 먼저 도움을 줄까? 내가 운명적으로 인복을 타고난 걸까? 전혀 아니다. 사회에서 공짜는 건 없다.

나는 위의 세 가지 사례에 등장한 모든 사람에게 사업, 마케팅, 세일즈에서 돈 되는 정보를 직·간접적으로 먼저 내줬다. 전부 그렇게 인연을 맺게 된 사람들이다. 내가 만난 인복을 타고난 사람들은 모두 하나같이 선 기버(先 Giver)라는 공통점이 있다는 걸 발견했다.

우리 주변에서 볼 수 있는 선 기버의 원리

나는 이 원리를 20대 초반에 일했던 동네 카페에서 처음 알게 되었다. 이제 막 오픈한 개인 카페는 사장님의 공간디자인 감각으로 인테리어는 훌륭했지만, 장사가 잘되지는 않았다. 내가 일한 어느 주말에는 인건비도 나오지 않는 날도 있었다. 그래서 카페에서 일을 하면서 어떻게 하면 한번 온 손님이 재방문할지를 고민했다.

특히나 역세권이 아닌 방배동의 어느 한 골목에 위치한 이 카페의 주요 소비 연령층은 40~50대였다.

주문한 음료와 디저트를 자리까지 가져다주는 기존 방식에 나는 두 가지를 더했다. 한 번 온 손님은 그 당시의 특성을 기억해 "또 오셨네요"라고 말하며 아는 척을 했고, 처음 온 손님은 얼굴에 철판을 깔고 "처음 오신 것 같아서 신경 써서 더 맛있게 만들었습니다"라는 멘트를 했다.

커피의 맛을 좌우하는 건 원두와 제조방식뿐 아니라 인테리어와 서비스도 포함된다. 이 중 내가 통제할 수 있는 유일한 영역은 서비스였다. '사소한 말 한마디라도 고객들이 듣고 조금이라도 더 만족할 수 있는 게 뭐가 있을까?' 하고 고민하다 생각한 두 가지 멘트였다. 이게 반복되니 내가 근무할 당시까지만 해도 하루 30만 원이었던 카페 매출이 200만 원까지 오르는 성장곡선에 올라섰다.

그 당시 나의 꿈은 바리스타가 아닌 패션과 관련된 일을 하는 것이었다. 그러던 어느 날 카페에 방문한 손님 중의 한 분이 삼성 계열사 제일모직의 인사부서에서 재량을 발휘할 수 있을 정도의 높은 사람이었다. 그분과 몇 번 마주쳐 얼굴을 익히고 자연스레 나중에 무슨 일을 하고 싶냐고 개인적인 질문을 주셨다. 나는 패션쪽 일을 하고 싶다고 대답했다. 그러자 명함을 줄 테니 일 끝나면 인턴으로 한번 일해보지 않겠냐고 제의해주셨다.

단지 내가 몸담은 이 카페가 잘됐으면 하는 작은 마음에서 시작하자. 도움은 1회에서 끝나는 게 아닌 2회, 3회 반복적으로 제공해 상대방에게 나를 인지시키는 것이 꼭 필요하다. 하지만 우리도 자선사업을 하는 건 아니기에 선한 마음으로 도움을 주더라도 10번, 20번 반복되고도 돌아오는 게 없다면 우리도 사람인지라 당연히 힘이 빠질 수밖에 없다. 한두 번은 부족하지만 너무 과하게 반복되지 않도록 어느 정도의 선에서 중단할 필요가 있다.

둘째는 무언가 되돌아올 것을 생각하고 주는 경우다. '내가 A라는 도움을 주면 B라는 도움으로 돌아오겠지?' 이런 이기적인 생각은 하지 말자. 상대방이 보기에 결과를 바라고 도움을 주는 티가 난다. 무언가 바라면서 돕는다면 유유상종이라는 말처럼 무언가를 바라는 사람들만 주변에 생길 것이다. 하이에나처럼 남에게서 무언가를 받으려고 하는 사람 주변에는 자신의 능력을 탐내는 사람들만 가득 차게 된다. 받기만을 바라는 사람들은 아무도 반가워하지 않는다는 점을 기억하자.

앞으로 선 기버가 주목받는 현상은 더 뚜렷해질 것이다. 대가를 기대하지 말고 내가 남들에게 무슨 도움을 줄 수 있을까를 다양하게 고민해보자. 체크리스트를 작성해 하루에 세 가지씩만 먼저 베푸는 일을 해보자. 당신이 준 가치의 2배, 아니 10배까지 더 커진 혜택이 돌아올 거라 장담한다.

Chapter 4

월 1000만 원 돌파 후 보이는, 신세계

천재가 아니어도, 뒤를 받쳐줄 집안 재력이 없어도,
제대로 된 방향으로 나아간다면
누구나 초고속 성장을 할 수 있다.
월 1000만 원 수익 구간은 절대 목표가 아니다.
이 시기에 오는 기회가 진짜라고 말하고 싶다.

1

상위 클래스의 지름길을 만든 세 번째 점프

월 1000만 원 수익을 달성했다면 드디어 억대연봉의 반열에 들어온 것이다. 여기서부터는 신세계가 열리게 된다. 실패한 뒤에도 다시 몇 번이고 일어서기 위해 리스크를 최소화시키는 무자본창업이 아닌, 자본 투자를 해가며 성장속도를 크게 높여도 될 구간이다.

내 경험상 이 시기를 잘 보내면 여러 측면에서 내 몸이 하나라는 제약을 단번에 극복할 수 있었다. 나의 능력을 복제시켜 몸이 여러 개가 된 이후에는 월 수익이 2배수씩 쭉쭉 커진다는 것도 알게 되었다.

공부를 한다.

법은 예방과도 같은 일이다. 예상하지 못한 문제에 미리 대비해 나를 포함한 주변의 소중한 사람들을 지킬 수 있다. 법을 잘 알고 있다면 문제가 발생하기 전에 애초에 문제가 발생하지 않도록 만들 수도 있다. 법은 너무나 양이 방대해서 당장에 배우기엔 어려울지라도 계약서부터 잘 검토하고 쓰자. 또한 애매한 부분이 있다면 간단한 사항은 반드시 네이버 지식인에 검색해보거나, 저렴한 비용을 들여서 전문가와 상담할 수 있는 '로톡'과 같은 서비스를 활용해서 해결하고 넘어가야 한다. 분쟁이 일어나면 과거의 사소한 것들까지 수면 위로 떠오른다. 지인과의 관계를 믿고 편하게 말했던 모든 게 화살이 되어 나에게 돌아올 수 있다.

그렇기 때문에 지인과는 동업을 하지 말라는 사람들도 많다. 그런데 이렇게 말하는 사람들을 보면 계약서조차 쓰지 않고 관계에 의존해 구두계약만으로 일을 시작하는 경우가 대부분이다.

나는 굳이 지인과의 동업을 반대하지는 않는다. 돈 앞에서 사람이 돌아서는 건 순식간이다. 사소한 불만들이 쌓여 눈덩이처럼 커지면 돌아올 수 없는 강을 건너게 된다. 하지만 계약서만 철저하게 쓰고 역할을 지킨다면, 일은 일대로 서로의 장점을 극대화시키고 관계는 관계대로 더 끈끈하게 이어갈 수 있다고 생각한다.

자아도취, 과대망상을 경계하라

기회를 놓치지 않기 위해 마지막으로 주의해야 할 것을 말해주겠다. 이 시기에는 소위 '월천뽕'에 빠지지 않게 특히 주의해야 한다. 월 1000만 원이 넘는 돈을 매달 받으며 살다 보면 자연스레 자신이 정말 대단한 사람이라도 된 것마냥 자아도취를 하기 시작한다.

'나 좀 잘나가는데? 이제 부자가 된 것 같은데?'

좋은 음식, 좋은 차, 좋은 집에 눈길이 가며 '이 정도 버니까 나도 이제 충분히 자격 있잖아'라는 거만한 생각을 한다. 그러면서 생활 속에서 씀씀이가 커짐과 동시에 통장잔고도 줄어들게 된다.

물론 그간의 노력에 대한 보상으로 자신에게 선물을 하는 건 아주 의미 있는 일이다. 하지만 이것이 분수에 맞지 않게 과해지면 큰 문제가 될 수 있다. 만약 다급한 상황에서 핵심 직원이 퇴직해 업무의 공백이 생기거나, 큰 액수의 환불이 연속적으로 터져 현금흐름이 망가지는 치명적인 일들이 몇 가지 생기면 바로 휘청일 수 있다.

또한 이 시기에는 남들보다 비약적인 성장을 했다고 느끼는 과대망상에 빠지기도 한다. 이렇게 이뤄온 모든 게 전부 나의 능력이라고 착각하게 되는 것이다. 이 책을 통해 도움을 받았더라도 스스로에 대한 평가가 지나치게 높다면, '어차피 이것들도 내가 다 아는 것들이었어'라고 생각하게 되고 만다.

수익 구간이 더 올라가더라도 인간의 욕심은 끝이 없다는 점을 항상 인지하고 있어야 한다. 큰 성과가 이미 나왔기에 우리는 더 압도적인 결과를 내야 더 큰 희열을 느낄 수 있다. 그러면 욕심과 자만심은 점점 더 커져 과대망상에 이르게 된다. 이러한 증상이 있는 시기에 자신의 능력으로 풀 수 없는 문제에 봉착한다면, 과대망상과 능력이 현실적으로 충돌한다. 충돌한 뒤에는 자신을 탐구하는 정답 없는 질문을 마주하게 된다.

'나는 왜 돈을 많이 벌려고 하는 거지?'

'나는 뭘 위해서 죽기 살기로 열심히 사는 거지?'

여기까지 성장하는 과정 중에 많은 것을 포기했기 때문에, 이러한 생각과 동시에 매너리즘이 찾아온다. 처음 하는 일에서 느껴지는 신선한 재미도 같은 일을 반복하다 보면 사라지기 마련이다. 자신이 하는 일이 초라해지고 보잘것없어 보이는 순간이 온다. 보통 이러한 망상에 걸리는 유형은 갑작스럽게 지나친 관심을 받거나, 짧은 기간에 빠르게 성공한 경우가 많다.

나는 이 두 가지 모두를 겪었다. 사업을 시작한 뒤 1년 안에 법인 전환을 하고 억대연봉자가 되었다. 거기에 더해 수많은 사람의 존경을 받으니 뭐라도 된 것마냥 어깨에 힘이 들어가고 스스로의 능력을 과대평가하는 몇 개월의 시간이 있었다. 이 당시에 주변의 모든 피드백을 한 귀로 듣고는 한 귀로 흘렸다. 이뤄놓은 걸 유지하기 위한 지속만 남아있을 뿐 내 주관을 너무 강하게 믿어 발전에 대해서도 무관심했다.

조력자가 큰 도움을 주기도 하고, 운이 좋아 타이밍이 잘 맞아 성공하기도 한다. 그렇기에 자신이 초고속 성장을 했다고 느낄 무렵에는 본인이 잘나서 잘된 것이라는 과대망상을 경계해야 한다. 무조건적인 겸손도 좋지 않지만 무조건적인 자아도취도 좋지 않다. 모든 것을 밸런스 있게 나아가야 나중에 후폭풍이 몰려오지 않는다.

자아도취와 과대망상을 극복하고 '월천뽕'을 탈출할 수 있는 유일한 방법이 있다. 그건 바로 내 모든 성장 과정을 옆에서 지켜본 사람의 진심 어린 피드백이다. 내가 잘될 때 응원을 해주는 것도 사람이고, 어려울 때 극복할 수 있게 도와주는 것도 사람이다.

수강생으로 만났지만 사업 초창기에 함께 성장하며 지금은 가장 친한 지인이 된 이대희라는 동생이 있다. 그와 몇 개월 전 함께 소주 한잔 기울였는데, 나의 근심 걱정 가득한 표정을 보며 이렇게 말했다.

"무슨 일이길래 요즘 왜 이렇게 불안해 보여? 말해봐. 내가 옆에서 지켜보기에 너무 빠르게 올라와서 지금 좀 위험한 상태인 것 같은데, 한 바퀴 쉬었다 가도 충분할 것 같아. 제대로 가고 있으니까 전혀 걱정할 필요가 없어 보여. 그냥 시간 문제야. 힘든 일 있으면 혼자 속으로 앓지 말고 나한테 말하면서 좀 풀어. 나는 형이 잘나가기 전 곤팀장 시절도 봤고, 지금은 인간 한성곤도 보고 있잖아. 모든 걸 다 본 나보다 더 의지할 사람이 어디 있겠냐."

이 친구와는 사연이 깊다. 같이 사무실을 쓰며 각자의 하는 일에서 매출이 폭발적으로 증가하거나, 큰 건의 계약을 따낼 때는 하이파이브를 하며 서로 부둥켜안았다. 반대로 치명적인 문제가 터질 때는 하던 일을 잠시 내려놓고 서로의 멘탈을 챙겨줬다.

가까이서 나의 모든 희로애락을 지켜본 사람이기에 할 수 있는 말이었다. 그의 말이 진심으로 나를 잘되게 해주려는 충고라는 생각에, 자아도취와 과대망상에 브레이크를 걸 수 있었다. 이 지면을 빌려 진심으로 고맙다는 말을 전하고 싶다.

성공을 향한 길은 외롭고 고독하기에 사적인 만남에서 감정적으로 100% 공감할 수 있는 사람이 곁에 있어야 한다. 정해진 월급을 받는 게 아니라 내가 수익을 창출하며 생기는 모든 고민들은 부모님도, 애인도, 죽마고우 친구도 해결해줄 수가 없다. 심지어 동지애를 느낄 수 있는 주변 사업가들에게도 터놓고 말하기가 어렵다. 왜냐하면 각자의 권위가 있기에 윈윈할 수 있는 관계를 유지하기 위해서라도 나의 속마음을 드러내기가 쉽지 않기 때문이다. 이 고민들은 나와 비슷한 처지에서 함께 성장하며 올라왔던 사람만이 전적으로 공감을 해줄 수 있다.

자기객관화가 되지 않은 상황에서는 혼자서 아무리 고민해도 절대 답이 나오지 않는다. 내가 성장하지 못했을 때부터 나를 오래 본 사람을 곁에 두고 주기적으로 만나며 대화를 통해 나를 점검해봐야 장기적으로 문제없이 앞으로 나아갈 수 있다. 자아도취와 과대

적으로 사는 사람들에게는 풀지 못할 문제가 없기 때문이다. 이 사람들은 이미 앞으로 예상되는 문제와 해결방법을 생각하고 있다.

일적으로 어딘가에 소속된 사람들이 수동적인 자세로 임하는 걸 너무나 많이 봤다. 심지어 내 밥그릇 내가 채우는 인센티브 구조인 세일즈에서도 이와 같은 사람은 허다했다. 이들은 시키는 일만 하고, 그 와중에 농땡이를 피우고, 하루 종일 퇴근시간만을 기다린다. 심지어 출근하자마자 낮술을 마시러 가는 사람도 종종 봤다. 이런 사람이 과연 소속된 곳에서 독립해 자신만의 힘으로 남들이 인정할 만한 성과를 낼 수 있을까? 안에서 새는 바가지, 밖에서도 무조건 샌다. 1인 기업은커녕 1인분도 못 채우고 나가떨어질 게 뻔하다.

스스로를 객관적으로 바라봤을 때 이런 태도가 있다면, 지금부터라도 싹까지 잘라 버려야 한다. 왜냐하면 사람은 귀찮고 성가신 일은 피하고 계속해서 편한 것만 찾으려는 본성이 있기 때문이다. 조금만 힘들어지면 "이번 일은 일단 대충 마무리하자"는 자신을 보게 될 것이다. 더 성장하기 위해서 우리는 어딘가에 소속되어 있는 시기에서부터 주체성을 갖출 필요가 있다.

영업사원으로 일할 당시, 판매 매출 대부분은 내가 아닌 사장 지갑으로 들어가겠지만 일단 저 사장부터 배부르게 해야겠다고 생각했다. 기존에 있던 방식에 매몰되지 않고 '더 효율을 낼 수 있는 방식은 없을까?'를 끊임없이 고민했다. 그랬더니 이제 막 사회에 나온 24세 청년이 반년 만에 영업사원 신분으로 월 1500만 원의 수입을 얻을 수 있었다. 심지어 광고대행사 실무진으로 일했을 때는 대표님께 역제안을 했다. 회사가 오프라인에 최적화된 광고를 메인으로 취급하고 있었기에 코로나로 타격을 받겠다고 예상했기 때문이다. 이대로는 안 되겠다 싶어 온라인 광고상품을 직접 개발하겠다고 나섰다. 이 또한 밤을 새가며 준비해서 결국 첫 달부터 전석 마감을 이뤄내며 성공시켜 버렸다. 이러한 마음가짐이 내가 독립하는 그 순간부터 잘되게 만든 초석이 되었다고 본다.

독립해서 사업을 할 때도 마찬가지였다. 나는 컨설팅을 할 때 '내가 이 대표라면 어떻게 마케팅을 할까?'라는 생각으로 최소 6시간 이상을 한 업체만을 철저하게 분석해서 전략을 구성했다. '1:1로 진행하는 컨설팅인데 이게 당연한 거 아닌가?'라고 생각할 수 있지만 대부분의 컨설팅은 적어놓은 교육 매뉴얼을 그냥 읊는 수준에 그친다는 이야기를 많이 들었다.

나뿐만 아니라 내 주변에서도 이렇게 주체성을 발휘하며 원하는 것 이상의 결과를 얻은 사례는 여럿 만날 수 있었다. 그중 두 분에 대해 이야기해보려 한다. 한 분은 내가 속해 있던 교육 플랫폼의 담당자였다. 강의 이벤트를 진행할 때 해당 플랫폼에서 지원을 받으려고 담당자에게 제안했던 상황이다.

"담당자님, 제가 이번에 이벤트를 진행하려는데 회사 차원에서 A를 지원해주실 수 있을까요?"

"팀장님, 말씀하신 A는 지원받으실 수 있도록 해드릴게요. 그런데 저희가 추가로 B도 제공해드리면 어떨까요? 훨씬 효율이 좋아질 것 같습니다."

이렇게 내가 요청한 A를 넘어 B까지 제안을 해주셨던 분이다. 나 한 명에게 이렇게 대우를 해주는데 다른 강사들에게도 그렇게 신경을 써줄 것은 안 봐도 비디오였다. 실제로 유튜브에 만 단위 구독자를 보유한 재테크 분야 강사를 섭외부터 도맡아 1등 강사로 만들어 회사가 수천만 원의 매출을 올리는 모든 과정에 기여한 성과도 있다.

이뿐만이 아니었다. 최근 7개의 강의를 업데이트 했는데, 기존 수강생 중 기간이 만료되어 못 보는 분들이 생겨났다. 단톡방에서 나오는 불만이 있으신 한 분 한 분에게 거의 실시간으로 대처해주셨다. 이러한 일이 반복되지 않기 위해 후기를 남기면 일정 기간 동안 서버 유지비 명목의 저렴한 가격에 다시 공부할 수 있도록 CS 관련 시스템도 직접 건의해서 문제가 없도록 만들어주셨다.

'담당자라면 당연히 해야 할 일 아닌가?'라고 생각할 수 있다. 하지만 이건 기업의 인력의 한계상 강사에게 담당자를 붙여주지 않는 플랫폼도 있으니 이에 대처하는 사람에 따라 달라지는 것이기도 하다.

이 담당자는 퇴사한 뒤 내가 직접 진행하는 '창업 다마고치'라는 교육 프로그램을 통해 잘나가는 브랜드블로그 광고대행사 대표로 거듭났다. 퇴사 전에 월 700만 원 가까이 부수익을 만들었고, 회사를 나온 이후에도 수입의 공백 기간 없이 그간 쌓아둔 포트폴리오를 통해 수많은 신규문의를 받아냈다. 그렇게 사업을 제대로 시작함과 동시에 많은 매출을 올릴 수 있었다.

정확히 1인분만 해내는 사람은 어딜 가도 평균 정도만 유지할 수 있다. 하지만 주어진 일에 플러스 알파를 해내는 사람은 자신도 모르는 사이에 남들을 추월할 수 있는 능력치가 축적되고 있을 것이다. 주체성이 있는 사람은 어딜 가나 잘될 수밖에 없다.

또 다른 한 분은 현재 나의 모든 일을 도와주시는 네블스쿨 매니저님이다. 처음 면접을 봤을 때 자신은 정리하는 일에 큰 희열을 느낀다고 말했다. 내가 못하는 영역에서 가장 필요한 능력이었기에 큰 고민 없이 채용했다.

몇 달 같이 합을 맞춰보니 섬세함과 추진력 모두 갖춘 사람임을 알 수 있었다. 특정 업무를 요청하면 그야말로 완벽하게 마무리했다. 그것을 넘어 일을 하는 과정 중에 발생한 모든 사항을 노션(Notion)에 정리해 추후에도 같은 업무를 반복해 시간을 낭비하지 않도록 매뉴얼을 만들어놓았다. 영상편집 겸 마케터의 직무로 채용을 했는데 퇴근 후에도 남는 시간에 스스로 유튜브를 통해 공부를 하며 자기 역량을 개발했다. 그 결과 영상편집의 속도는 적어도 두 배 이상 빨라졌고, 콘텐츠를 만드는 실력도 비약적으로 늘어 강의

판매 매출에 많은 기여를 하고 있다.

이러한 모습을 보고 매니저님에게 자율성을 보장해주면 더 큰 역량을 발휘할 수 있을 거라 판단했다. 재택근무를 하는 중에 집이든 카페든 본인이 집중할 수 있는 공간이면 어디서 일하든 상관없다고 업무공간에 대한 자율성을 드렸다. 거기에 더해 이번에 새롭게 론칭한 종이책 광고대행사의 대표 자리를 내어주고 20%의 지분까지 설계해드렸다. 그랬더니 역시나 내 일인 것처럼 업무 외 시간에도 틈틈이 인스타그램 관리를 해주신다. 주 업무가 아니어서 많은 시간을 투자할 수 없는 상황임에도, 0에서 시작했던 채널이 빠르게 성장하고 있다.

전에는 일부 회사 대표가 임원진에게 고급 외제차를 선물하는지 이해하지 못했다. 지금에서야 느낀 건 이러한 인재와 끝까지 함께 가고 싶은 마음이라는 걸 알게 되었다. 그래서 회사가 월 1억의 순수익을 버는 그 순간 벤츠 SUV를 뽑아드리기로 약속했다.

주체의식을 갖는다면 자기 일을 하든 회사 소속으로 일하든, 분명 눈에 띄는 결과를 만들어낼 수 있다. 주체의식이 있는 사람은 어딜 가나 플러스 알파의 대우를 받게 되어 있다. 어떤 사람들은 이들이 '단지 운이 좋아서' 결과를 낸 걸로 치부하기도 한다. 몇 번 운이 좋아 결과를 만들어낸 거라면 이후에도 계속 성과를 만들 수는 없을 것이다. 운은 지속되지 않기 때문이다. 그리고 결과를 만들지 못한 사람은 운이 없는 걸까? '나는 왜 운이 없을까?'라는 생각보다, '성공 확률을 높이기 위해 내가 추가로 할 수 있는 일들이 뭐가 있을까?'를 고민해보자. 이 과정이 몇 번만 반복되더라도 당신은 운을 몰고 다니는 비범한 사람으로 보일 것이다.

이것 하나만 기억하자. 성공하는 사람들은 하나같이 다 운이 좋다. 한 명이 아닌 다수가 이러한 좋은 결과를 만들어가는 현상이 공통적으로 나타나는 이유는 실행한 사람의 주체성에서 비롯된 것이라고 볼 수 있다.

3

불가능을 가능하게 만드는 유일한 기술

만약 불가능을 가능하게 만드는 기술이 있다면 당신은 얼마를 주고 배울 의향이 있는가? 1000만 원? 1억 원? 10억 원? 가격이 얼마든 액수는 중요하지 않다. 그것을 활용하면 10배 이상 돈을 벌게 해줄 것이기 때문이다. 확신이 있다면 교육비용이 초고가라도 서로 앞다퉈 배우기 위해 품귀현상이 일어날 것이다.

그것은 바로 세일즈다. 하지만 우리는 이런 기술이 있어도 얼마나 중요한지는 잘 모르고 살아간다. 중요한지 모르기에 이로 인해 일어날 파급력 또한 알 길이 전혀 없다. 살면서 세일즈를 해본 적이 한 번도 없기 때문이다. 하지만 우리 모두는 무궁무진한 세일즈의 거미줄 안에 소비자로 살아간다.

나도 전에는 세일즈에 대해 영업사원이 판매를 위해 사용하는 기술이라고만 생각했다. 하지만 불가능이라 생각했던 것들을 하나씩 이뤄내는 과정을 겪으며, 세일즈는 단순히 상품을 판매하는 일을 넘어서는 유일무이한 비즈니스 스킬이라는 것을 실감하고 있다.

그렇다면 이러한 세일즈를 어떻게 배워야 할까? 단편적인 지식을 통해 간단한 기술은 배울 수 있지만, 핵심을 얻기란 쉽지 않다. 내가 추천하는 방법은 먼저 책으로 접하는 것이다. 책은 한 사람의 인생을 들여다볼 수 있는 가장 저렴한 수업이다. 경제경영, 자기계발 분야에서 수백 권의 책을 읽다 보면 어느 순간 비슷한 내용들을 다른 말로 풀어 설명한다는 느낌을 받을 때가 있다. 같은 내용을 중복으로 학습하는 비효율을 만들 필요는 없다. 이런 생각이 들 때면 국내외 주식시장에 상장할 정도로 성공한 기업의 회장이 직접 쓴 자서전을 읽곤 한다. 그중 내가 세일즈의 교과서라고 생각하는 위대한 기업가가 있다.

“이봐 해봤어?”라는 명언을 남긴 현대그룹 창업자 정주영 회장은 대표적인 세일즈의 달인이다. 그의 자서전 《시련은 있어도 실패는 없다》라는 책에는 이런 이야기가 나온다.

“모든 것이 가능하다고 생각하지 않는 사람에게 가능한 일은 한 가지도 없다. 가능하다고 생각하고 가능하게 할 목표를 향해서 가능하도록 노력하는 사람만이 가능하게 만드는 것이다.”

과연 어떤 일들을 가능하게 만들었기에 한 문단에 '가능'이라는 단어를 여섯 번이나 쓸 정도로 자신만만할까. 정주영 회장의 세일즈 업적 중 가장 엄청난 성과를 가져온 일화 세 가지를 소개한다.

첫째로, 돈이 한 푼도 없던 시절 은행이 아닌 고객사로 있던 부자에게 큰돈을 빌려 자동차 수리 공장을 인수한다. 사업이 승승장구하던 와중에 직원의 실수로 공장에 불이 나 다시 빈털터리가 되고 말았다. 하지만 이 부자에게 큰돈을 한 번 더 빌려 다시 사업을 일으키고, 3년 만에 빌린 돈을 다 갚았다.

둘째, 대통령의 지시로 고속도로를 지어야 하는 상황, 모래와 흙으로 된 곳들의 터널을 뚫는데 곳곳에서 문제가 발생한다. 당시 현대건설 총자산이 500만 달러인 상황에서 총 800만 달러의 장비를 수입해 성공적으로 공사를 마무리해냈다.

셋째, 당시 지폐 500원 권에 그려진 거북선을 보여주며 영국에서 조선소를 지을 비용을 차관받았다. 이때는 아직 조선소도 없고 배도 없었지만 1차로 선박 컨설턴트를 설득해 추천서를 받아내고, 2차로 사겠다는 고객을 먼저 구해 계약금을 받아낸다. 마침내는 국내에 세계 최고의 조선소를 만들고 만다.

그는 인터넷과 핸드폰도 없던 환경에서 이러한 위대한 업적들을 이뤄낸 장본인이다. 또한 세 번의 전쟁을 겪어내고 이 모든 시련을 이겨냈다. 정주영 회장은 남들이 다 불가능하다고 한 일을 연속적으로 성공시켰다. 이외에도 올림픽 개최, 한강 다리 건설, 건설업

중동 진출 등의 수많은 업적이 있다.

대기업 창업자의 예시를 드니 이건 너무나 먼 이야기라고 생각할 수 있다. 하지만 본인의 이야기가 될 수 없다고 단정 짓지는 말길 바란다. 조금 더 가깝고 현실적인 사례로 내 강의 수강생 한 분의 이야기를 해보겠다.

나도 불가능하다고 생각했던 걸 가능하게 만든 한 수강생이 있다. 이분은 광고대행사로 1000만 원을 벌고 난 뒤, 남의 상품이 아닌 자기 상품을 팔아야겠다고 결심하고 하던 일을 전부 내려놓고 유통업에 뛰어들었다. 카페에서 커피를 마시며 미팅할 때 상대방이 온전히 나에게만 집중하려면 어디에 앉아야 하는지부터 가게 사장님들과 급속도로 친해져 서비스를 잔뜩 받는 방법까지, 자주 만나 틈틈이 일상생활에서 활용할 수 있는 세일즈에 대해 알려줬다. 다음에 만날 때는 사소한 것들도 전부 기억해서 체화하고 있는 게 느껴졌다.

그리고 판매를 해본 적도 없지만 상품에 대한 철저한 전략을 짜고, 대기업에 납품하며 100억 이상 매출을 내고 있는 업체와 미팅을 해서, 결국 최근에 좋은 조건에 과일을 공급받는 계약을 따냈다고 했다.

단순하게 보면 불가능에 가까운 일이었다. 누군가는 빛나는 명함, 쫙 빼입은 정장, 수십 시간을 갈아넣은 PPT까지 준비했을 것이다. 반면에 이 수강생은 명함 한 장 없이, 패딩을 입고, 말로만 설명해서 계약을 체결했다고 말해줬다. 계약을 한 과일업체 사장에게 직접 들은 바로는 억 단위 매출을 낼 정도로 성공궤도에 오른 업체들도 대부분 거절했다고 한다. 공급업체 입장에서 이 수강생이 제대로 사업을 할 수 있을 거라는 보장도 없는데, 왜 그의 부탁을 들어줬을까. 아직 단 한 개도 팔아보지 못한 초보 판매자에게 상품을 납품해준다는 건 굳이 할 필요가 없는 위험한 일이다.

그럼에도 불구하고 세일즈를 활용해 가능하게 만들었다. 이 세상에 가능한 것은 나 스스로 불가능하다고 단정 짓는 선까지다. 성장은 그 선을 확장하는 것이다.

내가 만든 세일즈 성공사례 세 가지를 이야기해보겠다.

첫째는 코웨이에서 방문판매로 정수기를 판매할 때였다. 회사에 들어가자마자 99%의 직원들이 방문판매로 계약을 하고 있었다. '누가 요즘 이런 방식으로 정수기를 살까?' 스물네 살까지 공부만 해온 당시의 나는 10년 전에만 했을 법한 방문판매로 처음 본 사람에게 당일계약을 따낸다는 것 자체가 말이 안 된다고 생각했다.

하지만 첫 달 신입사원에게만 회사 자체적으로 주어지는 동행교육에서 이 방식으로 선배가 고객을 찾아가 계약서을 사인을 받아내는 총체적인 과정을 직접 보여줬다. 이렇게 판매가 가능하다는 걸 두 눈으로 지켜보고 알게 되었다. 나의 편견과는 다르게 생각보다 많은 사람이 방문판매로 만난 영업사원에게 정수기 렌탈 계약을 하고 있었다. 가능하다는 사실을 믿고 나도 그 방식대로 판매를 하니 시작부터 많은 실적을 올릴 수 있었다. 그렇게 아무것도 몰랐던 신입사원 시절에 몇 개월은 빠르게 성장할 수 있었지만, 어느 선에 이르자 벽에 가로막혔다.

100군데에 들어가서 10개의 계약을 하는 판매자와 10군데에 들어가서 5개의 계약을 하는 판매자는 확률상으로 많은 차이를 발생시킨다. 나는 니즈가 90% 이상 있는 관심 있는 사람에게 판매할 수 있는, 이기는 게임만 하고 있었다. 이 벽을 허물기 위해 그 당시에 전국 1등을 하는 사람에게 영업을 가르쳐달라고 요청했다. 10번 거절 끝에 11번째 제안을 성공하고 평일이 아닌 주말에 함께 일을 할 기회를 얻을 수 있었다. 함께 방문판매를 하며 일하던 중 한 미용실 앞에서 이러한 대화를 했다.

"곤팀장 님, 앞에 미용실 들어가시죠."

"저기 지금 일하고 있는데 패스하고 다음 업장 들어갈게요."

"그럼 제가 갈게요."

나는 그간의 경험상 고객이 자기 업장에서 열심히 일을 하고 있을 때 방문해 판매하는 건 불가능하다고 단정 짓고 있었다. 하지만 그분은 그 미용실에 들어갔다. 결국 머리를 하고 있는 손님에게 정수기를, 머리를 해주는 미용사에게 비데를 계약하고 나왔다. 그분은 가능하다고 믿고 있었기 때문이다.

이 사건을 통해 방문판매에 대해 갖고 있던 편견들이 산산조각 났다. 상대방이 바쁘든, 여유가 있든, 니즈가 있든 없든 내가 어떻게 하느냐에 계약의 성패가 달려있다는 걸 깨달았다. 모든 실패 원인을 외부에 돌리면 남 탓으로 끝나지만, 나에게 돌리면 발전의 여지를 포착할 수 있다.

그 뒤로 방문판매를 통해 프랜차이즈 대표를 만나 새로운 지점을 낼 때마다 정수기를 고정적으로 납품하는 계약을 체결해본 적도 있고, 평균적으로 1~2대를 계약하지만 한 곳에서만 업장과 가정을 합쳐 10대를 판매해본 적도 있었다.

세일즈의 힘을 믿는 사람들은 한 번의 미팅에서도 수단과 방법을 가리지 않고 당일 계약을 이끌어 수천만 원의 수익을 가져간다.

둘째는 울산에서 지역화폐를 활성화시키기 위해 가맹점을 맺는 일을 할 때였다. 한 업장에 지역화폐를 사용할 수 있도록 가맹점을 체결하면 건당 1만 원의 인센티브가 나왔다. 건당 대략 1시간 정도의 시간이 소요되는 작업이었기에 온종일 일을 해도 나에게 10만 원 안쪽의 수입밖에 주어지지 않았다. 문제가 있으니 해결할 방법들을 생각해봤다. 1시간의 시간을 30분으로 줄이고, 한 번에 10개의 업장에 계약을 맺으면 수입이 폭발적으로 늘어날 것 같았다. 겉으로는 불가능해 보였지만, 어차피 몸담은 일이니 어떻게 하면 가능하게 만들까만 골똘히 생각했다.

이를 실현시키기 위해서는 권위자의 도움이 필요했다. 권위자를 효율적으로 설득시키기 위해서는 말만 잘하는 것으로는 부족하다. 우선적으로 팩트로 밀어버릴 공적인 문서가 준비되어야 했다. 그래서 우선 구청으로 갔다. 해당 사업을 총괄하는 담당자를 설득해 지역화폐를 활성화시킬 수 있도록 협조를 해달라는 내용의 공문을 받아냈다.

그다음 고객이 모여있는 전통시장으로 갔다. 기존의 방식대로 한 곳 한 곳 찾아가는 게 아니라 한방에 모든 업장을 계약하기 위해 전통시장 총회장이 있는 사무실로 향했다. 공문서를 들고 찾아가니, 회장님께서는 오히려 전통시장의 활성화를 도와주기 위해 서울에서 온 선생님이라고 대우해주며 자신이 도울 게 더 없는지 물어보셨다. 그리고 자신이 발 벗고 나서서 직접 모든 시장 상인들에게 지역화폐 가맹점을 맺으라는 방송까지 해주셨다. 거기에 더해 조금 더 속도를 내어 등록을 마무리할 수 있도록 계약을 하는 데 필요한 사업자등록증과 앱 다운로드를 미리 해놓으라는 말을 방송으로 안내해 한 업장당 3분 만에 가맹점 등록을 할 수 있었다. 계약시간을 한 건당 1시간에서 3분으로 비약적으로 단축시키니 하루에 최대 70개까지 계약서를 작성할 수 있었다. 세일즈를 시작한 이래로 가장 큰돈을 벌었다.

셋째는 26만 구독자를 보유한 안대장TV 유튜브 채널에 게스트로 나가기 위한 제안을 할 때였다. 이 채널을 운영하는 안규호 작가님은 내가 두 번째 슬럼프를 극복할 수 있었던 존경하는 롤모델이었기에, 안대장TV 유튜브 출연은 교육업을 하며 버킷리스트로 정할 만큼 나에게 있어 꿈같은 일이었다.

꼭 나가고 싶었지만 시간이 지날수록 겁이 났다. '가짜 사나이'의 교관으로 등장하고 유명해진 이근 대위님, 전국에서 작심 스터디카페 프랜차이즈 사업을 하는 300억 CEO 강남구 대표님, 각기 다른 10개의 사업을 운영하는 인플루언서 야생마 님 등 업계에서 이름만 들어도 알 만한 사람들이 등장하며 이 채널은 점점 커져만 가고 있었다. 그들의 세계에서 애송이라고 보일 수 있는 내가 인터뷰를 한다는 것 자체가 말이 안 되는 일이었다. 하지만 이 또한 불가능이라고 내가 선을 긋고 있는 것이기에 가능으로 바꿔야만 했다.

그래서 무조건 될 수밖에 없는 전략을 세웠다. 우선 모르는 사람에서 아는 사람이 되는 게 훨씬 실패 확률을 더 줄일 거라 생각했다. 이 생각이 들 즈음에 안대장TV 채널의 커뮤니티에 유튜브 구독자를 대상으로 집들이 이벤트를 한다는 글이 올라왔다. 그날 해야 할 모든 업무를 내려놓고 이 이벤트 지원서를 쓰는 데 반나절 넘는 시간을 갈아넣었다. 수강생들로부터 수백 장의 지원서들을 받아보았기에 무조건 뽑힐 수밖에 없도록 작성하는 건 나에게 있어 쉬운 일이었다. 예상대로 집들이 이벤트에 당첨되었고, 잠실 시그니엘에서 안규호 작가님을 처음 만나게 되었다.

사람과 사람이 만나 생기는 정이 있기에 한번 안면을 튼 사람의 부탁은 더 잘 들어줄 수밖에 없다. 그다음 명확한 출연 제안서를 이메일로 보냈다. 제안서에는 두 가지 전략을 담아 보냈다. 첫 번째로 채널의 성장을 위해 게스트들의 공통점을 분석하고 오직 나만이 이야기할 수 있는 메시지들을 정리했다. 두 번째로 영상 제작의 시간을 단축하기 위해 썸네일과 제목에 들어갈 카피라이팅까지 전부 구상했다.

그 결과는 "넌 뭘 해도 될 사람이구나"라는 답장을 받고, 몇 주 지나 게스트로 초청되어 인터뷰 촬영을 할 수 있었다. 또한 인터뷰에서 공개한 브랜드블로그 운영과 관련한 스토리를 듣고 추후에 동업을 해도 재밌는 그림이 나오겠다는 말까지 듣게 되었다. 불가능을 가능으로 바꾸는 경험을 하면 할수록 말로 설명할 수 없는 자신감이 쌓인다. 가능의 기준점이 점점 올라가는 것을 체감하며, 이제는 뭘 하든 다 된다는 생각만 하게 되었다.

월 1000만 원 소득 구간을 돌파했다면 이제는 일의 결과를 양이 아닌 질적으로 향상시켜야 한다. 이미 지금까지의 성장과정을 통해 수많은 능력을 갖추고 있을 것이다. 이제 레드오션에서 작은 파이를 먹는 게 아니라 남들이 하지 않는 블루오션의 길로 들어가야 할 때다. 월 1000만 원이라는 액수는 우리가 하는 일이 검증되었다는 상징이다. 반대로 보자면 보이지 않는 영역에서 이미 수백, 수천 명의 경쟁자들이 더 생겼다는 의미다. 이 시점에서 세일즈라는 기술을 활용해 격차를 벌려 초격차를 만들어야 한다. 경쟁자들이 시도조차 하지 못한 일들을 이뤄내자. 한 번의 성공으로 99%의 경쟁자들이 따라오지 못하게 거리를 벌릴 수 있다.

일단 불가능해 보이는 것들을 가능하다고 먼저 말로 내뱉자. 내 입 밖으로 나온 말을 현실로 이뤄내면 실력이 입증된다. 못 이뤄내면 수단과 방법을 가리지 않고 해내면 된다. 엄밀하게 따져보자면 성장에 있어서 성공과 실패는 크게 중요하지 않다. 사람은 성공했을 때가 아니라 성공하려는 과정 중에 성장한다.

이제까지 세일즈의 중요성에 대해 이야기했다. 정작 여러분이 가장 궁금해하는 건 이 세일즈 능력을 어떻게 갖추고 키워나가야 하는지일 것이다. 물론 여러 가지 이야기를 듣고 간접경험을 통해 일단 시도해봐야겠다는 생각을 하는 사람들도 있을 것이다. 하지만 당신이 당장 세일즈를 실행에 옮기는 데는 더 강력한 한방이 필요하다. 첫 시도부터 성공을 이루는 사람들도 존재한다. 소위 말하는 '난놈'이다. 하지만 90%의 사람들은 아는 것을 실천하지 않는다. 시도조차 못 하는 일반인들을 위해 정말 쉽고 간단한 세 가지 방법을 알려줄 테니 순서대로 따라오기 바란다.

① 120% 무리한 부탁을 연습하라

한국 사람이라면 부탁을 할 때 한 번쯤 주저하게 된다. "도를 넘은 부탁은 예의에 어긋난다"고 생각하기 때문이다. 대다수가 예의라는 단어로 합리화하며 가벼운 부탁을 제외한 제안 자체를 해본 경험이 드물다. 이런 경우는 우리 일상에서도 자주 경험하게 된다.

중국집에서 짜장면을 시켰다고 하자. 짜장면을 시키면 원칙상 제공되는 건 단무지와 양파 정도다. 평소에 남에게 부탁하거나 제안하는 데에 부담을 느낀다면, 조금 무리한 부탁으로 작은 맛보기용 짬뽕 국물을 요청해보자. 그 부탁들의 강도가 점점 커지다보면 판매하는 음식을 요구할 수도 있고, 상대방 비용이 들어가는 영역이므로 제안하기 전부터 심적인 부담이 생기게 된다.

이 선을 넘어서는 경험이 중요하다. 일단 공짜로 할 수 있는 세일즈부터 시도하는 게 더 쉽게 배울 수 있는 팁이다. 무리하다고 느껴지는, 무례할 수 있을 정도의 선까지 부탁을 하는 연습을 하자.

② 거절을 10번 경험하라

인심 좋은 가게가 아니라면 "짬뽕 국물은 따로 제공되지 않습니다"라는 말을 듣게 되기도 한다. 어차피 당신은 거절당할 것이다. 어느 한가로운 날 오후 3시에 모르는 번호로 대출을 받으라는 전화가 오면 당신은 어떻게 하는가? 가차 없이 통화종료 버튼을 누른다. 여기서의 거절은 이와 맥락이 비슷하다. 굳이 해줄 필요가 없으

전 뒤에는 반드시 실패가 있다. '왜 성공하지 못한 거지?'라는 질문으로 복기한 뒤 개선하고, 다시 도전을 통해 성공으로 끝마쳐야 한다. 이 선순환에 올라타는 순간 자신감이 쌓여 다음 과제는 조금 더 쉽게 성공으로 이끌어갈 수 있다.

원하는 걸 하나씩 다 이뤄가는 사람은 그렇지 않은 사람과 인생의 농도 자체가 다르다. 세상이 정해준 틀을 부수고 불가능을 가능으로 바꾼다면, 하루하루가 설레 가슴이 터질 듯한 그런 재밌는 인생이 펼쳐지지 않을까?

'무조건 된다' 50%, '어떻게 하면 되게 만들까 50%', '안 된다' 0%로 100%를 채우면 불가능도 가능으로 바뀐다. 무조건 할 수 있다고만 생각하자. 현상을 보는 인식 자체가 바뀐다. 세일즈 스킬을 키워가며 불가능이 없다는 결론에 점점 다가가자.

4

출구전략, 폭발적 성장을 위한 재도약

2년 동안 동일한 매출을 낸 회사보다, 액수는 적지만 작년보다 매출이 상승한 회사가 투자를 받을 때 더 높은 평가를 받는다. 예를 들어 작년 10억, 올해 10억을 번 회사와 작년 1억, 올해 5억을 번 회사를 비교했을 때 두 회사 중 후자가 잠재력이 큰 것으로 평가받는다. 더 많은 투자를 받을 수 있다는 이야기다. 전자와 같이 정체되어 있는 비즈니스는 시장에서 점점 도태될 수밖에 없다. 직원에게 더 많은 월급을 줄 수도, 신상품 출시를 위해 공격적으로 예산을 투입시킬 수도 없다.

기존에 하던 일을 주구장창 계속해서는 10배 이상의 돈을 벌기가 어렵다. 우리의 머리를 비워야 새로운 생각이 들어올 수 있는 공간이 생기듯, 기존에 하던 일도 내려놓을 수 있어야 더 큰 돈을 벌 수 있는 기회를 엿볼 수 있다. 상승선에 탄 이 시점에 기세를 몰아 한 번 더 폭발적인 성장을 하기 위해 출구전략(Exit Strategy, 엑시트)을 고려할 용기가 필요하다.

이제껏 앞만 보고 달려와 잠깐의 성공을 맛본 사람들에게 지극히 역설적으로 들릴 수도 있다. '월 1000만 원이면 이제 시작인 거 아닌가?' '인생의 탄탄대로가 열렸는데 여기에 시간을 몰빵해서 더 큰 돈을 벌어야지!' 꿈만 같던 이 구간을 지나온 여러 수강생을 지켜본 결과 수입의 한계에 가로막혀 더 이상 성장을 못 하는 경우를 많이 봤다. "죽기 살기로 해야 성공한다"는 메시지가 여기저기서 들리는 지금 이 시점에 "출구전략을 짜야 한다"는 나의 주장은 위험한 발언이 될 수 있다는 건 잘 알고 있다. 하지만 앞으로 그 누구도 당신에게 이러한 이야기를 해주지 않을 것 같아서 총대를 메고, 왜 출구전략을 만들어야 하는지에 대해 아주 적나라하게 말해보겠다.

나는 이제껏 한 달에 1000만 원씩 벌던 일을 내려놓은 두 번의 엑시트가 있었다.

첫 번째는 몸담은 곳에서 이제 다 배웠다고 생각한 시점이었다. 방문판매, 온라인 판매, 박람회 입점, B2B 등 코웨이에서 정수기를 판매할 당시 회사 안에서 할 수 있는 모든 판매방법을 경험해봤다. 그중 가장 효과가 좋은 방식 한두 가지를 개선시켜 몇 바퀴만 돌려도 수입은 2배까지 빠르게 증가할 수 있었을 것이다.

하지만 애초에 영업직에 뼈를 묻을 생각으로 들어간 게 아니었다. 많은 사람이 하나의 방식에 매몰되어 다른 방법, 더 효율적인 방법을 생각조차 하지 않는다. 하지만 나는 하나의 방식이 유효하다고 검증했다면 그 성공에 안주하지 않고, 무조건 더 큰 계약이 나올 수 있는 새로운 방법으로 넘어갔다. 배울 수 있는 걸 다 배웠기에 이 시점이 다른 일로 넘어가기에 최적의 시기라고 판단했다.

두 번째는 통제 불가능한 환경에 가로막혀 선택의 갈림길에 놓인 상황이었다. 광고대행사에서 버스 광고, 지하철 광고, 옥외 광고와 같은 지역 기반 광고를 판매할 당시, 나의 주 고객층은 지역 상권에 있는 사장님들이었다. 한 달에 버는 액수가 점점 늘어나고 있는 와중에 전 세계에 코로나로 인한 팬데믹 사태가 발생했다.

지금은 하루에 몇만 명의 확진자가 나오든 어느 정도 익숙해졌지만, 당시는 코로나로 인한 심리적 공포감이 극에 달하던 발생 초기였다. 마스크는 어느 약국에 가더라도 살 수 없을 만큼 빠르게 품절되었고, 가까운 음식점이나 카페에만 가더라도 코로나에 걸릴 것 같아 사람들이 집에만 있는 시간이 많아졌다. 이는 곧 당장 밖으로 나와 주민들이 소비를 해야 돌아가는 지역경제의 불황으로 이어졌다. 실제로 초·중·고 학생들이 원격으로 수업을 하며 집에 머물기에 아이들을 돌보는 학부모님들도 밖에 나오지 못한 시기였다. 그로 인해 폐업 직전에 갔던 한 공방클래스 대표님의 탄식 섞인 하소

연을 들었던 적이 있다.

확산 속도를 보아 빠르게 감기처럼 사라지지 않을 거라고 예측했고 그 판단은 정확하게 맞았다. 이 책을 집필하는 지금 오미크론이라는 새로운 유형의 바이러스로 변이되었고, 확진자가 하루에 60만 명이 나올 정도로 확산세가 가파르게 올라가기도 했다. 팬데믹 전이었다면 쉽게 계약을 할 수 있는 미팅도 재정상황이 어렵다는 이유로 거절당하며 예전만큼 판매건수를 올릴 수 없었다. 코로나 발생 이후 나의 영업실적은 1/5로 줄어들었다.

업계에서 생존하기 위해 이를 계기로 오프라인 기반 광고에서 벗어나 코로나로 인한 타격을 그나마 덜 입을 수 있는 온라인 기반 광고로 옮겨왔다. 몇 주의 준비 기간을 걸쳐 브랜드블로그 대행 상품을 출시하자 폭발적인 인기를 얻으며 수요와 공급의 비대칭이 일어났다. 인력의 한계상 서비스를 원해도 고객을 더 이상 받지 못하는 상황이 벌어졌다.

'자신의 업체에 대해 가장 잘 알고 있는 사람은 광고대행사가 아닌 대표들이다. 이미 홍보효과가 검증된 브랜드블로그를 운영하는 법을 대표가 직접 습득해 글을 쓰면 효과가 더 좋을 것이다. 폐업위기에 놓여 있거나 사업이 잘 풀리지 않는 더 많은 사업체에 도움을 줄 수 있겠다'는 생각을 했다. 이렇게 정말 우연한 계기로 하던 일을 내려놓고 마케팅 교육업을 시작하게 되었다. 운이 좋게도 그 시점에 온라인 마케팅이 업계의 트렌드로 자리잡았기에 시작과 동시에 빠르게 사업을 추진할 수 있었다. 조금만 늦었더라면 이만큼 압도적인 퍼포먼스를 내지 못했을 수도 있다. 시대의 변화에 맞춰 발 빠르게 기존 사업을 정리하고 전환을 한 것이 더 큰 성장의 발판이 된 것이다.

나는 지금도 EXIT를 준비 중이다

앞에 이야기한 대로 지금 하고 있는 교육업도 조만간 출구전략을 고려하고 있다. 그 이유는 크게 두 가지가 있다.

① 매각 가능 여부

현재 사업모델은 '곤팀장'이라는 브랜드를 기반으로 운영하는 사업이기에, 사소한 것들까지 아무리 자동화를 진행한다고 한들 결국은 권한 위임이 불가능한 구조다. 또한 내가 건강상의 이유로 일을 못 하거나, '곤팀장' 브랜드에 치명적인 타격이 일어날 경우 매출이 폭락할 수 있는 등 생각지 못한 리스크가 곳곳에 숨겨져 있다. 또한 누군가가 이 사업을 통째로 매입해 운영할 수 있는 구조가 아니다.

② 사업의 케파

교육업은 수강생이 누구인지에 따라 종류가 나뉜다. 교육업의 큰 타깃층은 '입시' 카테고리 안에 있는 학생을 예로 들 수 있다. 내다. 월 1000만 원이라는 수치는 간단히 말해 경계선이다. 여기에 도달하기 전에 하던 일이 잘되지 않는다며 합리화를 하고 그만두는 걸 막기 위함이다. 그전에 나가떨어지는 건 포기에 가깝다. 빠르게 돈을 벌고 싶은 대표들에게는 언제까지 버텨야 하는지에 대한 기준이 너무 낮다. 버티는 것도 끝이 있어야 효율적으로 그 안에서 최대의 성과를 창출할 수 있다. 그래서 우리는 월 1000만 원의 기준점을 목표로 삼아 거기에 도달하기 전에 힘들다는 이유로 포기하지 않도록 만들어야 한다. 물론 '돈이 아니라 배울 점이 있는지를 기준으로 정할 수 있는 것 아닌가?'라고 생각할 수도 있다. 하지만 배움에도 끝이 없기에 측정이 불가능하여 엑시트의 기준으로 삼기에 애매한 측면이 있다.

월 1000만 원 수입 구간에 진입하는 시점이 오면, 수입은 우상향 직선이 아닌 알파벳 J 모양처럼 기하급수적으로 커지는 곡선을 그린다. 그건 바로 소비자 중심주의 비즈니스가 시작되었기 때문이다.

사업을 시작하면 해보기 전까지 알 수 없었던 소비자의 수많은 니즈와 마주하게 된다. 많은 사람이 주변 환경에서 문제를 찾으려고 한다. 나는 판매를 해보기 전까지 실제로 불편해하는 문제라고 생각하지 않는다.

"너 이거 만들어지면 살래?"

"응, 그럴 의향이 있어."

지인에게 물었을 때 이런 답을 듣는다고 내 사업의 성공에

100% 확신을 가질 수는 없다. 이건 아직 일어나지 않은 페이크 구매의사일 뿐이다. 이러한 질문을 했을 때 거절한 나쁜 사람으로 찍히기 싫은 마음에 일단 긍정적으로 말하고 넘어가는 경우가 많기 때문이다. 실제로 그 시장에 참여해서 얻은 고객의 불만과는 질적으로 크게 다르다. 그동안 여러 창업에서 소비자들의 많은 CS 경험이 있기에 이 사실을 뼈저리게 알고 있다. 그러니 설문조사와 같은 형식적인 방법들에 크게 의존하지 말자. 차라리 그 업계에서 오래 몸담았던 사람들을 직접 만나 속사정을 들어보는 게 실질적인 정보들을 훨씬 더 많이 얻을 수 있다.

나는 해보고 싶은 게 생기면 우선 빠르게 가설을 세운다. 그리고 최소한의 시간을 투입해 시장에 우선 상품부터 출시한다. 그렇게 나온 실제 고객의 불만사항을 하나씩 개선해나가는 편이다. 진짜 문제를 마주하는 속도만 빨라질 수 있다면 동종업체들을 쉽게 제치는 큰 차별점이 될 수 있다.

이제는 가치의 전쟁이다. 자본주의에서는 얼마나 큰 가치를 제공하느냐에 따라 벌 수 있는 액수가 정해진다. 이 명제가 피부에 와 닿는 지점이 바로 월 1000만 원이다. 판매량이 올라오며 중복되는 고객의 소리를 듣고 개선하는 과정을 거치면 소비자가 중심인 비즈니스의 중요성을 깨닫게 된다. 거기서 그치는 게 아니라 더 많은 고객의 불만들을 해결할 수 있는 새로운 비즈니스로 전환시킨다면 더 큰 성장을 이뤄낼 수 있다.

린다. 당신이 피땀 흘려 성공을 이루는 과정 속에서 축적한 경험은 절대 어디로 사라지지 않는다. 그간에 벌었던 돈뿐만이 아니라 경험도 자산이라고 생각해도 좋다. 이는 바로 다음에 펼쳐지는 비즈니스에 총체적으로 영향을 미칠 것이며 살면서 한 번도 생각조차 해보지 못한 10배, 20배의 수입을 한 번에 손에 쥘 수 있게 도와줄 것이다.

엑시트 지점을 명확하게 정하고 한정된 시간 안에서 후회가 남지 않도록 한 번 더 초고속으로 성장해보자. 자신이 원하는 걸 그려내고 이를 실현시킴으로써 큰 희열을 느낄 수 있다.

5

아는 것과 모르는 것을 아는 힘

김고집이라는 사람은 직장에 5년 동안 몸담고 있다가 얼마 전 사업을 하기 위해 퇴사했다. 그동안 자신이 다녔던 회사의 마케팅 팀에서 일하며 실전으로 쌓은 경험이 있기에, 직접 광고대행사를 차려 다른 회사들의 홍보를 돕는 일을 하려고 한다. 이제껏 사내교육 외에는 마케팅과 관련된 교육은 한 번도 들어본 적 없다. 하지만 실무 현장에서 억 단위 예산을 굴리며 남들이 해보지 못한 경험이 있기에 굳이 추가로 배울 필요는 없다고 느껴 실전으로 바로 들어갔다.

회사에서는 주어진 일만을 하면 되었으나, 아무것도 없는 상태로 독립을 했으니 고객이 없는 건 당연했다. 블로그 마케팅으로 관련 키워드를 잡아 모객을 해보려 했지만, 정작 독립해서 내 스스로가 만들어낸 결과물이 없었기에 아무리 글을 올려도 일주일째 연락이 오지 않았다.

유튜브에 검색해보니 먼저 이 길을 가본 사람의 영상을 찾아보니, 무료로 고객을 모집해서 포트폴리오를 먼저 만들라고 조언했다. 하지만 경력직으로서의 경험치가 있는데 공짜로 일을 해주는 건 이치에 맞지 않다고 생각했다.

다시 자기 생각대로 진행하고자 문의를 받아낼 수 있는 계획들을 세웠다. 그중 한 가지로 글 발행량을 2배 늘리는 과도한 업무를 진행했다. 시간이 지날수록 점점 지쳐갔지만 이것도 극복해야 할 산이라고 생각해 버텼고, 결국 하루에 1~2건 정도의 문의를 만들어냈다. 이 문의를 계약으로 만들기 위해서는 세일즈가 필요했다. 지금까지 살면서 단 한 번도 해본 적 없기에 일단 되는 대로 고객상담을 진행했다. 하지만 이마저도 대부분 비용만 문의하고 나중에 연락드리겠다는 말과 함께 연락이 끊기는 경우가 대다수였다.

분명 마케팅과 세일즈에 무언가 문제가 있다는 건 스스로도 느끼고 있었다. 하지만 지난 5년간의 노고를 부정하는 격이기에, 일단 몸으로 부딪치다 보면 시간이 해결해줄 거라 생각했다. 그래서 아직도 이 과정을 몇 달이고 반복하는 중이다.

남들은 업계에서 통용되는 트렌디한 방법들로 쭉쭉 치고 나가는데, 나 혼자만 제자리걸음을 하는 것 같은 느낌을 받았다. 김고집은

이 일을 더 해야 할지 그만둬야 할지 선택해야 하는 마지막 기로에 서 있다.

김고집은 이해를 돕기 위해 가상으로 만든 인물이지만, 이런 경우는 현실에서 수도 없이 볼 수 있다.

되는 사람과 안 되는 사람의 차이는 뭘까? 그건 바로 '메타인지'가 있느냐 없느냐의 차이다. 메타인지라는 용어에 대해서는 다양한 해설이 있지만, 여기서는 '자신이 아는 것과 모르는 것을 스스로 인식할 수 있는 능력'이라고 정의하겠다.

메타인지는 정신분석학 용어로 '나르시시즘'이라고 불리는 자기애와 관련성이 크다. 자기애가 클수록 메타인지가 발휘되기 어려운데, 나를 너무 사랑한 나머지 나의 현 상태를 유지시키기 위한 방어기제가 높아 외부의 조언을 무시하는 경우가 많기 때문이다.

메타인지는 자신이 모르는 걸 스스로 아는 능력이다. 내가 그것을 아는 것과 그것을 할 수 있다는 건 다른 이야기다. 돈 버는 일이 잘 풀리지 않는 많은 사람은 이 두 가지가 같다고 착각하는 경우가 많다. 지식으로서 아는 건 구글에 검색을 하고 위키백과에 나오는 내용들을 1분만 읽어보면 된다. 하지만 이걸 할 수 있는지는 직접 해보기 전까지는 죽었다 깨어나도 알 수 없다.

예를 들어 신규 서비스를 몇 달 동안 준비해서 론칭했는데, 내 예상 매출의 1/10도 안 되는 실적이 나왔다면 어떨까? 이 상황을 소비자들이 보는 눈이 없다며 부정하기 시작하는 사람이 있다. 하지만 시장은 정직하다. 좋으면 사고, 안 좋으면 안 산다. '소비자들이 구매하지 않는 이유가 뭘까?'라는 생각을 가장 먼저 머릿속에 떠올리며 내 서비스의 부족한 점을 개선해야만 앞으로 나아갈 수 있다. 그 부족한 점에 대해 모르는 게 있다면 퇴근 후 잠을 줄여서라도 반드시 학습하고 넘어가야 한다. 사회는 야생 그 자체이기에 누군가가 하나부터 열까지 가르쳐주지 않는다.

과거에 함께 영업을 했던 지인 한 사람이 있다. 안정적인 수입을 원했던 그는 인센티브 구조에서 벗어나 현재는 보험 관련 조직의 관리직으로 들어갔다. 가끔 전화를 하면 이런 이야기를 한다.

"보험영업은 전통적인 영업이라 온라인 마케팅이 먹히지 않는 시장이야."

"블로그도 몇몇 사람들이 해봤다는데 효과가 없다고 하더라."

"이런 필드에서 미래가 있을까?"

본인만의 망상에 빠져있는 말들이다. 해본 적도 없고 결과가 나온 것도 아닌데 애초부터 안 된다고 단정 짓는다. 자신이 안다거나, 해보지 않았어도 뻔한 일이라고 판단하는 것은 그만큼 자기애가 강해 지금 내 완성된 모습에 흠을 내기 싫기 때문이다.

이러한 현상은 능력을 많이 갖춘 사람일수록 심한 경우가 많았다. 그중 하나가 정해져 있는 정답을 찾는 데 유년 시절을 바치고 얻은 대학교 스펙이다. 성적으로 등수를 매길 수 있는 대학교에서

2) IT회사 **배기훈 대표님**

"평범한 직장인에서 수도권 아파트 3채를 보유한 IT 회사 대표로 성장하다."

저는 원래 상장기업 인사팀에 근무하는 평범한 사람이었습니다. '이대로 커리어를 이어나가면 곧 40대가 되고, 금방 은퇴해서 치킨집을 차리는 테크트리를 타겠지?'라는 생각을 하고 있었습니다.

현재 업무는 발주자의 니즈에 따라 적합한 비즈니스 모델을 발굴하고 그에 필요한 파트너들을 조합하여 프로젝트 기업들을 만들고 셋업하는 일을 합니다.

제가 초고속 성장을 한 비결은 사업 방법의 차별화입니다. 저는 직장 다닐 때 다른 대부분 직장인의 업무 방식이 답답했습니다. 본인이 직접 하는 일보다는 외부업체의 도움을 받고 그 업체를 관리하는 업무만 하는 게 전형적인 방식이었습니다.

저는 현재 외부업체에 막대한 비용을 지출해야 하는 방식을 반대로 바꾸어, 외부업체를 주주로 참여시키는 파트너십을 체결합니다. 사업에 있어 필수적으로 거래해야 하는 거래처를 먼저 선정하고 내부에서 팀을 꾸리는 것이 아닌, 신속하고 변화에 유연하게 적응하는 방식으로 외부인과 조직화하여 내부관리를 최소화하였습니다. 비용지출 면에서는 검증단계를 최소화하기 위하여 이들을 일반거래처가 아닌 주주로 참여시켜 투자금을 받고 사업화를 진행하였습니다.

저는 개발자 출신은 아니지만 이와 같은 방식을 활용해 세계 최저 비용으로 서비스를 구축하고 개발하는 능력을 인정받아 현재 다양한 곳에서 의뢰를 받고 있습니다.

곤팀장 님의 강의를 듣고 가장 크게 변한 것은 설득 능력의 향상입니다. 제가 현재 진행 중인 비즈니스 모델은 사업자금도 없고 사업자도 없는 상태이기에 당연히 눈으로 보여줄 수 있는 최소한의 샘플도 없었습니다.

불과 1년 전인 2021년 1월, PPT 2장을 그려내고 투자자를 모집하여 법인설립을 했습니다. 그리고 정확히 6개월 뒤에 서비스 개발을 완료하였으며, 목표하는 고객의 50%를 모집하고, 안정적으로 다음 달 서비스를 상용화했습니다. 또한 상용화가 되지 않은 시점에서 지분의 일부를 20배 밸류업하여 매각까지 하였습니다.

그렇게 서울과 수도권에 40평 아파트 3채를 보유하게 되었습니다. 어딘가에 소속되어 일하면 꿈도 꾸지 못할 결과입니다. 제가 한 것은 막연한 상상을 글로 표현하며 설득한 것이었고, 그 내용을 스스로 지키고자 열심히 실행한 것밖에 없습니다. 상대를 설득할 수 있다면 돈은 자연스럽게 찾아옵니다. 투자자는 멀리에 있지 않습니다. 서비스를 소비자에게 설득시킬 수 있다면 그 소비자가 투자자가 되는 것은 너무나 쉬운 일입니다.

3) 디자인 교육회사 **연기우 대표님**

"최저임금 받던 디자이너에서 월 수익 2000만 원까지."

퇴사한 지 얼마 안 되어 홈페이지 제작 서비스와 스터디를 진행하고 있었습니다. 처음 마케팅이라는 게 중요하다는 걸 깨닫고 이에 대한 교육을 알아보던 중 곤팀장 님을 만나게 되었습니다. 그 당시에는 얼마 전까지 평범한 직장인이었던 터라 처음 혼자 사업을 진행한다는 게 쉽지 않았습니다. 주변에 일과 관련된 이야기를 나눌 동료도 없어 외로웠고 언제쯤 안정권에 접어들지 막막했습니다. 그리고 요즘 성공하는 저보다 어린 20대들을 보면서 열등감과 좌절감도 많이 느꼈습니다.

그러나 현재는 '헤이스디자인'에서 1인 기업이 브랜딩으로 독립할 수 있도록 돕는 다양한 교육을 하고 있고, 사업으로 부자 되는 디자이너들의 커뮤니티 '부자이너스'에서 디자이너들이 사업으로 자립할 수 있도록 돕는 교육을 하고 있습니다. 그리고 곤팀장 님과 함께한 '디스이즈블로그', 탈잉 VOD 등 여러 영상강의를 론칭했고, 최근에는 '삶일운동 연기우'라는 유튜브 채널에서 활동하고 있습니다.

초고속 성장을 한 뒤 뜻이 통하는 많은 동료를 얻었기에 외로움이 해결되었습니다. 또한 무엇을 해야 할지 알게 되어 막막함도 해소되었습니다. 그 무엇보다도 수익을 통해 안정감을 얻게 되고 '나도 할 수 있다'라는 걸 체험하면서 남 이야기가 내 이야기가 되는 신기한 체험을 하고 있습니다.

곤팀장 님에게 배운 콘텐츠마케팅, 카피라이팅 등의 기술이 단연 크게 작용했지만, 제가 성공한 비결을 한마디로 표현하자면 '커뮤니티'였습니다.

네이버에 상위 노출되어 많은 문의를 받게 되었습니다. 그 결과 글 하나를 클릭하신 분들이 보다 진지하게 읽어주셔서 머무는 시간이 8분대가 되었습니다.

의뢰인분들은 저를 선임하겠다는 결정을 하고 문의하신 터라 바로 계약을 진행할 수 있었죠. 저는 지금까지도 추가적인 광고비용을 들이지 않고 홈페이지를 만든 뒤 블로그, 인스타그램을 마케팅에 함께 활용하고 있습니다. 지금은 동종업계에서 제 블로그를 벤치마킹하는 업체들도 많아진 상황입니다.

이제 막 블로그를 시작하는 분들도 많은데, 그분들보다 빠르게 온라인 마케팅을 시작한 걸 최고의 선택이라 생각합니다.

5) 마인드 코치 **작심만일 대표님**

"반년 만에 영상 30개로
15만 구독자, 200만 조회수 영상을 만들어내다."

벤처기업에서 개발자로 시작하여 전산장교를 거쳐 대기업 IT 회사를 다니고 있었던 제가, 지금은 '작심만일' 마인드 퍼포먼스 코칭을 운영하고 있습니다. 개인과 기업을 대상으로 자신의 능력을 극대화할 수 있는 마인드셋과 문제해결 능력을 높여드리는 일을 합니다. 이를 통해 어제보다 나은 오늘을 꿈꾸는 사람들에게 더 빠른 성장을 할 수 있게 지원하고 있습니다.

처음 운영했을 당시 한 달 수입은 고작 70만 원이었습니다. 그 이후 빠른 성장을 하여 사업을 시작한 지 4개월 만에 월 1000만 원 수입을 달성했습니다.

제가 유튜브로 정말 초단기간에 성장할 수 있었던 결정적인 한 가지 이유는, 사람들이 반응할 수밖에 없는 카피라이팅을 적용했기 때문입니다. 거기에 유튜브 채널이 성장할 수밖에 없는 본질적인 원리를 파악하고 반영하였습니다. 그 결과 단 30개 영상만으로 5개월 만에 구독자 15만 명을 만들었습니다. 제가 진행하는 퍼포먼스 코칭을 스스로 입증했기 때문에 곤팀장 님이 이야기하는 초고속 성장이 가능했습니다.

6) 감성비엔비 **구동민 대표님**

**"월급 62만 원 받던 군인에서
한 달에 3000만 원을 버는 사업가가 되다."**

저는 제대한 지 얼마 되지 않았습니다. 군대에서 주어지는 여유시간을 쪼개가며 곤팀장 님의 글쓰기 강의를 보면서 사업의 꿈을 키웠습니다. 지금은 유튜브에서 유행했던 무자본 창업들을 모두 하고 있습니다. 스마트스토어부터 전자책 그리고 에어비앤비까지, 그중에서도 감성비앤비라는 인스타그램 6만 팔로워 숙소 커뮤니티를 운영하는 게 가장 저를 소개하는 대표적인 일입니다. 추세로 보아서는 조만간 10만 팔로워가 넘어갈 것 같습니다.

사실 사업가들을 타깃으로 하는 강의는 시중에 정말 많은데 어떻게 해야 내 서비스나 상품이 팔리게 해주는지에 대한 핵심적인 부분은 알려주지 않거든요. 수많은 숙소 사장님들께 저의 마케팅 상품을 영업할 때 곤팀장 님의 글쓰기 강의에서 배운 제안하기가 정말 큰 도움이 되었습니다. 두루뭉술한 추상적인 단어가 아니라 직관적이고 뇌에 꽂히는 단어들을 사용하게끔 도와주는 강의였던 것 같아요. 이를 토대로 제 숙소 마케팅 회사의 매출이 계속 올랐습니다.

2020년 6월까지 군대에서 병장 월급 62만 원 받는 군인이었던 제가, 2년 정도 지난 지금은 모든 수입을 합해 한 달에 3000만 원을 버는 사업가가 되었습니다.

7) 소프트웨어 개발사 **기관총엑셀 대표님**

"12시간씩 일하던 엔지니어에서
프로그램이 대신 일하는 디지털노마드의 삶으로."

저는 반도체 공장의 밤샘 2교대 엔지니어로 근무했습니다. 초저녁에 반도체 설비에 들어가, 아침 해 뜰 때까지 12시간 근무했었죠. 급여가 나쁘지 않았지만 출근할 때마다 하늘이 무너지는 기분이었습니다.

현재는 소프트웨어 개발로 개인사업을 하고 있습니다. 원하는 시간, 장소에서 자유롭게 일하면서 이전보다 더 많은 돈을 벌고 있습니다.

가장 큰 변화는 일이 마치 놀이가 되었다는 것인데요. 테니스공을 쫓아 달리는 비글처럼, 사업이 너무 재미있어서 자발적으로 미친 듯이 일에 몰두하고 있다는 게 저의 가장 큰 변화입니다. 빨리 일하고 싶다는 생각으로 월요일을 이렇게 기다리게 될 줄은 꿈에도 몰랐습니다.

제가 초고속 성장을 하게 된 가장 결정적인 한 가지를 꼽자면, '입 닫고 무조건 카피'입니다. 저는 성과로 인증한 멘토의 조언은 토 안 달고 전부 실행했습니다. '시간적·경제적으로 자유로워질 수 있다는데? A, B, C, D만 따라 하면 된다고?' 따라 하는 건 저에게 정말 쉬운 일이었습니다.

현재 순수익은 이전보다 약 3배 더 많이 벌고 있습니다. 6개월 단기 목표로 5배까지 더 증가시킬 계획입니다.

8) 글로비 세무그룹 **김상철 대표님**

"부산에서 아무 연고 없는 서울에 올라와 억대 매출을 달성하다."

곤팀장 님을 알기 전까지 개업을 하기 전 근무 세무사로 실력을 쌓고 있었습니다. 곧 사무실 개업을 염두에 두고 있었는데, 부산에서 당시 연고 하나 없는 서울에 올라와 개업을 하려니 막막한 상황이었습니다.

현재 세무그룹 글로비라는 상호로 공동창업을 하였습니다. '절세'라는 본질 하나로 여러 세무 관련 사업을 기획하고 있습니다. 또한 세무사들의 집단지성을 활용하여 절세 컨설팅까지 진행하고 있습니다.

저는 많은 독서와 교육을 통하여 자신감을 얻었습니다. 곤팀장 님과 꾸준한 소통으로 혜안을 얻고 있으며, 세무업계 최고가 되는 목표를 향해 달려가고 있습니다.

저희가 성장이 빠를 수 있었던 이유는 여러 가지지만 그중 결정적인 한 가지를 꼽자면 '공감'입니다. '고객들이 진정 원하는 서비스는 무엇인가?'로 시작하여 세무 서비스를 기획하였습니다. 이 부분을 곤팀장 님이 직접 코칭해주신 세일즈에 녹여내어 미팅을 통한 고객 유치에 큰 도움을 받고 있습니다.

연고 없는 서울에서 맨땅에 헤딩하며 개업한 지 6개월도 안 되어 사무실을 확장하고 직원 4명을 채용할 정도로 빠르게 성장을 하였습니다. 수입 역시 억대 금액의 매출을 달성하였습니다.

9) 유안에듀 **유라 대표님**

**"월 10만 원에서 매출 100배 신화를 일으킨
입시컨설팅 전문업체 대표가 되다."**

곤팀장 님을 알게 된 건 교육서비스업 창업을 한 지 1년 정도 되었을 때였습니다. 당시에는 교육업계에서 꾸준히 경험을 쌓고 있던 상태였습니다. 초반에는 열정과 패기로 생각이 같은 친구들을 모아 뛰어들었고 언젠가는 될 거라는 희망도 품고 있었습니다.

하지만 시간이 지날수록 힘들었던 것은 예측되지 않는 불투명한 미래와 '과연 이 일을 하는 것이 맞는 것일까?'라는 불안감이었습니다. 특히 옆에서 지지해주고 응원해주는 사람들이 있었기에 더욱 책임감을 느꼈던 것 같습니다. 사업 경험이 많지 않은 초보자의 입장에서 무수한 노력과 시간을 쏟으며 지금 내가 가고 있는 이 길이 맞는 것인지 혹여 내가 잘못된 길로 들어선 것은 아닌지 선택을 해야 하는 매순간마다 고민이 많았습니다.

또한 조언을 구하고자 살펴보았던 수많은 영상과 책은 각기 '사업은 이렇게 해야 한다'라는 내용이었지만, 저는 어디서부터 어떻게 적용시켜야 하는지를 알 수 없어 갈피를 못 잡고 있었습니다.

현재는 중·고등학생 대상으로 진행하는 입시교육 플랫폼을 운영하고 있습니다. 지금까지 행해져 왔던 1차원적인 주입식 교육이 아니라, 학생별 맞춤 입시 및 학습법을 연구하고 있습니다. 제대로 된 스승과 맞춤 공부법을 찾지 못해 인생에서 가장 중요한 시간을 허비하는 학생들이 많습니다. 이런 안타까운 상황이 더는 생기지 않도록 하는 것이 저희 회사의 목표이자 제 철학입니다.

여전히 선택의 기로에 설 때면 두렵기도 하고 부족함도 많이 느낍니다. 그래도 이전과 조금 달라진 것이 있다면, 방법은 반드시 있을 것이라는 믿음이 생겼다는 점입니다. 이전에는 등불 없이 한 치 앞도 보이지 않는 어두운 길을 걸었다면, 지금은 언제든 다시 꺼내어 나를 다잡을 수 있는 곤팀장 님의 가르침이라는 밝은 조명이 생겼습니다.

사실 지금의 제가 있기까지 여러 성장의 중심에 곤팀장 님이 계셨던 것 같습니다. 기본적인 글쓰기부터 서비스 사업 비법을 넘어 상담 세일즈까지, 사업과 관련된 실무적인 개념과 스킬은 모두 곤팀장 님께 배운 내용입니다. 덕분에 그동안 막막했던 방향성과 세부 계획을 잡을 수 있어서 낭비되는 수많은 시간과 비용을 많이 줄일 수 있었습니다.

시중에 정말 많은 강의와 책이 있습니다. 실전에서 바로 적용할 수 있도록 알려주는 분은 곤팀장 님이 유일하지 않을까 싶습니다. 특히 곤팀장 님의 세일즈 비법은 여러 명이 같이 듣는 것이 아까울 정도로 제게는 너무 소중한 자료들입니다. 초창기에 상담을 할 때 말도 제대로 하지 못했던 제가, 지금은 웬만한 상담은 도맡아 결제까지 이끌어낼 수 있을 정도가 되었습니다. 똑같은 상담을 할 때도 어떻게 대처하고 대화를 이끌어가느냐에 따라 결과는 엄청나게 차이가 나더라고요.

전에는 월 10만 원 버는 것도 힘들었지만 지금은 100배 더 많은 매출이 꾸준히 나오고 있습니다. 아직 수익보다는 투자가 많은 상황이라 자랑할 만한 정도는 아니라고 생각합니다. 앞으로 곤팀장 님이 알려주신 내용을 꾸준히 적용하면서 체화시키면 현재 진행 중인 입시학원들과의 제휴도 무리 없이 진행할 수 있을 거라 기대합니다.

10) 웹개발사 **마케토리 대표님**

"홈페이지 제작으로 직장인 시절 4개월치 급여를 매달 벌어들이다."

처음 곤팀장 님을 알았을 때는 주식교육회사에서 일하는 일반 직장인이었습니다. 제한된 월급으로는 제가 원하는 것들을 하기에 너무 부족하다는 것을 느끼고 어떻게 하면 돈을 더 많이 벌 수 있을까 계속 고민하고 있었습니다. 사업에 대한 열망을 가지고 시작할 당시에, 운이 좋게도 곤팀장 님을 알게 되었습니다. 곤팀장 님의 PDF, 강의, 코칭을 접하고 회사를 다니며 홈페이지 교육을 했습니다. 곤팀장 님께 배운 내용을 적용하니, 첫 교육 당시 10명이 넘는 분들이 신청해주셨습니다. 그게 이어져서 홈페이지 제작 사업을 하고, 클래스101에서 홈페이지 제작 강의까지 촬영했습니다.

성장하기 위해서는 많이 배우고 빠르게 실행하는 게 제일 중요하다고 생각합니다. 우리가 어떠한 일을 처음 시작할 때는 당연히 백지 상태입니다. 물감도 없고 그림 스킬도 없다면 아무리 노력해도 절대 좋은 작품을 만들 수 없습니다. 처음에는 다양하고 폭넓게 익히면서, 잘하는 것들을 하나씩 늘려나가는 걸 추천드립니다. 아마 대부분 사업이라고 하면 굉장히 리스크가 크다고 생각하실 겁니다. 저도 그랬으니까요. 하지만 배우려고 하면 얼마든지 배울 수 있고, 안전하게 하는 것도 가능하더라고요.

현재는 직장생활을 할 때보다 4배 정도 많이 벌고 있습니다. 4개월간 일해야 벌 수 있는 돈을 매달 벌고 있으니, 이제 삶에서 부족함을 느끼는 부분이 거의 없습니다. 가장 좋은 점은 돈을 위해서 일을 하지 않고, 스스로 하고 싶은 일을 찾아서 할 수 있다는 것입니다.

이보다 훨씬 더 많은 초고속 성장 실제 사례가 있다. 지면은 한정되어 있기에 '어떠한 사례가 독자들에게 가장 와닿을까?' 하고 깊이 고민한 끝에 10명만을 선정했다. 이미 팩트로 봐서 알겠지만 천재적인 두뇌를 가졌거나, 빵빵한 금수저 집안의 재력을 기반으로 삼았거나, 잘나가는 주변 인맥의 전폭적인 지원을 받는 게 아니어도 상관없다. 평범한 사람도 제대로 된 방향으로 나아간다면 누구나 초고속 성장을 할 수 있다.

이 책을 읽는 동안만이라도 나를 믿길 바란다. 그 보상은 결과로 따라올 것이다. 나와 수강생들이 전부 증명을 해낸 검증된 방식이다. 당신도 충분히 할 수 있다.

에필로그

나는 비범한 사람이 아니다. 유튜브 영상 몇 개만으로 10만, 100만 구독자를 모으는 천재적인 기획력이 있는 사람도 아니고, 모든 비즈니스를 단 한 번의 실패 없이 성공시키는 사업가적 기질이 출중한 사람도 아니다. 단지 부족한 점을 인정하고, 성장하는 과정 중 모든 영역에서 효율을 찾고, 필요한 능력들을 하나씩 수집하는 방식으로 성공할 확률을 높여나갈 뿐이다.

이 책을 집필하기 위해 그동안 기록한 스마트폰 앨범과 메모장을 샅샅이 뒤져가며, 돈을 벌기 시작한 이후부터의 모든 기억을 반추했다. 이제껏 성장하는 과정 중에 생긴 시행착오들을 곱씹어보며 책이 나오기 직전까지도 모든 챕터들에 나의 인생의 흔적들을 담았다. 이 책에 적은 내용들을 기반으로 초고속 성장을 해낸다면 당신이 살면서 상상조차 해보지 못한 엄청난 기회들이 매일, 매시간

찾아올 것이다.

과거에 노량진의 허름한 방구석에서 자수성가한 유튜버들의 영상을 보면서 '나도 저런 사람이 되고 싶다'고 부러워하며 성공을 꿈꿨다. 지금은 대기업에서 강의를 찍자고 이메일이 오고, 수십 수백만 명의 구독자를 보유한 유튜브 채널에서 인터뷰 제의를 받고, 나와 차 한잔을 마시기 위해 전국 각지에서 내가 있는 강남까지 찾아오는 사람들과 만나고, 반대로 내가 전국 어디를 가더라도 만날 사람이 있고 심지어 그들에게 극진한 대우까지 받는다. 당신에게도 이 순간이 오면 몸값이 최소 5배는 높아질 것이다. 좋아하는 일만 해도 이전에 벌었던 액수에 0이 한 개 더 붙은 금액이 통장에 찍힐 것이다.

초고속 성장을 해나가는 과정 중에는 이유를 모르는 시기와 질투로 인해 스트레스를 받을 때도 있고, 평소에 겪는 것들의 100배, 1000배는 어려워서 잘 풀리지 않는 수많은 문제와 맞부딪칠 때도 있다. 하지만 책에서 공개한 경쟁자들을 추월할 수 있는 원리들을 모두 적용한다면, 절대 닿을 수 없을 것 같던 월 1000만 원의 수익 구간을 넘어서서 억대연봉자가 될 수 있는 길이 보일 것이다.

남을 믿지 말고 나 자신을 믿자.
당신은 충분히 할 수 있다.

마지막으로 초고속 성장의 시작을 조금 더 수월하게 진행하기 위한 하나의 시스템을 준비했다. 인간은 사회적인 동물이기에 나와 뜻이 통하는 사람들과 상호작용을 하며 고독한 성장의 길에서 마주하는 외로움을 극복해야만 포기하지 않고 오래 갈 수 있다. 나 또한 교육업을 시작하고 나와 같은 사업을 하는 지인들의 도움과 수강생이자 대표님들의 응원이 없었다면 절대로 여기까지 올라오지 못했을 것이다.

책 내용을 기반으로 한 달 안에 달성할 수 있는 미션들을 내가 운영하는 '마케팅부자들' 네이버 카페에 글로 남겨놓을 것이다. 그간 다양한 교육을 해본 노하우를 적용해서 독자 여러분의 발전을 위한 시스템을 설계해놓았다. 카페에 가입한 뒤 '초고속 성장 챌린지'라는 제목의 공지글을 찾길 바란다. 해당 글의 마지막 부분에는 이 책을 읽고 챌린지를 희망하는 사람들만 모여 있는 단톡방 링크를 올릴 것이다. 여기서는 독자들끼리 실시간으로 미션을 인증하고 서로의 고민을 나누며 집단지성을 발휘해 동기부여를 해서 항상 최상의 상태로 유지하는 데 큰 도움을 될 거라 생각한다.

단톡방 입장 비밀번호는 이 책의 첫 원고를 보낸 1월 31일, 0131이다. 카카오톡 기능의 한계상 1500명 한정이 될 테니 주저하지 말고 빠르게 입장하기 바란다.

끝까지 읽어준 모든 독자분께 감사의 말을 전하고 싶다. 종이책은 처음 써보는지라 조금이라도 더 유용한 내용을 담고 싶은 마음에, 몇 주 동안은 카페인을 들이부어 밤을 새가며 원고를 몇 번이나 갈아엎었다. 그렇게 내 안에 잠자고 있던 초인적인 힘을 꺼내 다행스럽게도 마감 날짜까지 원고 집필을 마무리할 수 있었다.

이 책을 통해 나 또한 다시금 초고속 성장을 하려 한다. 당신도 지금 당장 초고속 성장을 위한 첫발을 내딛길 바란다.